LebensZeichen
Roland Barthes zur Einführung

Für Emanuel Yanick
und die Präsenz seines Lachens

Ottmar Ette

LebensZeichen
Roland Barthes zur Einführung

JUNIUS

Wissenschaftlicher Beirat
Michael Hagner, Zürich
Dieter Thomä, St. Gallen
Cornelia Vismann, Weimar †

Junius Verlag GmbH
Stresemannstraße 375
22761 Hamburg
www.junius-verlag.de

© 2011 by Junius Verlag GmbH
Alle Rechte vorbehalten
Umschlaggestaltung: Florian Zietz
Titelbild: Le grain de la voix, Abb. 1
Satz: Junius Verlag GmbH
Druck: Druckhaus Dresden
Printed in Germany 2011
ISBN 978-3-88506-694-1
(zur Einführung; 394)

Die Deutsche Nationalbibliothek – CIP-Einheitsaufnahme

Bibliografische Information der Deutschen Nationalbibliothek
Die Deutsche Nationalbibliothek verzeichnet diese Publikation in der
Deutschen Nationalbibliografie; detaillierte bibliografische Daten
sind im Internet über <http://dnb.d-nb.de> abrufbar.

Zur Einführung ...

... hat diese Taschenbuchreihe seit ihrer Gründung 1978 gedient. Zunächst als sozialistische Initiative gestartet, die philosophisches Wissen allgemein zugänglich machen und so den Marsch durch die Institutionen theoretisch ausrüsten sollte, wurden die Bände in den achtziger Jahren zu einem verlässlichen Leitfaden durch das Labyrinth der neuen Unübersichtlichkeit. Mit der Kombination von Wissensvermittlung und kritischer Analyse haben die Junius-Bände stilbildend gewirkt.

Von Zeit zu Zeit müssen im ausufernden Gebiet der Wissenschaften neue Wegweiser aufgestellt werden. Teile der Geisteswissenschaften haben sich als Kulturwissenschaften reformiert und neue Fächer und Schwerpunkte wie Medienwissenschaften, Wissenschaftsgeschichte oder Bildwissenschaften hervorgebracht; auch im Verhältnis zu den Naturwissenschaften sind die traditionellen Kernfächer der Geistes- und Sozialwissenschaften neuen Herausforderungen ausgesetzt. Diese Veränderungen sind nicht bloß Rochaden auf dem Schachbrett der akademischen Disziplinen. Sie tragen vielmehr grundlegenden Transformationen in der Genealogie, Anordnung und Geltung des Wissens Rechnung. Angesichts dieser Prozesse besteht die Aufgabe der Einführungsreihe darin, regelmäßig, kompetent und anschaulich Inventur zu halten.

Zur Einführung ist für Leute geschrieben, denen daran gelegen ist, sich über bekannte und manchmal weniger bekannte

Autor(inn)en und Themen zu orientieren. Sie wollen klassische Fragen in neuem Licht und neue Forschungsfelder in gültiger Form dargestellt sehen.

Zur Einführung ist von Leuten geschrieben, die nicht nur einen souveränen Überblick geben, sondern ihren eigenen Standpunkt markieren. Vermittlung heißt nicht Verwässerung, Repräsentativität nicht Vollständigkeit. Die Autorinnen und Autoren der Reihe haben eine eigene Perspektive auf ihren Gegenstand, und ihre Handschrift ist in den einzelnen Bänden deutlich erkennbar.

Zur Einführung ist in verstärktem Maß ein Ort für Themen, die unter dem weiten Mantel der Kulturwissenschaften Platz haben und exemplarisch zeigen, was das Denken heute jenseits der Naturwissenschaften zu leisten vermag.

Zur Einführung bleibt seinem ursprünglichen Konzept treu, indem es die Zirkulation von Ideen, Erkenntnissen und Wissen befördert.

Michael Hagner
Dieter Thomä
Cornelia Vismann

Inhalt

Roland Barthes oder ein Wissen im Zeichen des Lebens .. 10
Schreiben als Leben-Wollen 10
Den Schrei im Schreiben hörbar machen............... 17
Auf der Suche nach einem Wissen im Zeichen des Lebens .. 24

1. **Lehren, was man weiß:**
   Vom »Ersten Text« bis zu »Kritik und Wahrheit« 34
   Literatur als Welt und die Dichte des Lebens 34
   Das pralle Leben und die Lehre des Mythologen 46
   Der Kritiker im intellektuellen Feld 59
   Der Kritiker als Schriftsteller 73

2. **Lehren, was man nicht weiß:**
   Von »Der Tod des Autors« bis »Die Lust am Text« 80
   Zeichen eines angekündigten Todes.................... 80
   In zeichenreichen Zeichenreichen 88
   Das Eigen-Leben des Lesers im Text 98
   Die Lehre der Lust 111

3. **Das Alter des Verlernens:**
   Von »Roland Barthes von Roland Barthes«
   bis »Die helle Kammer« 123
   Nuancen des Lebens und gelebte Theorie 123
   Verhören, Verlernen und Erleben des Künftigen 134
   Zwischen Last, List und Lust 139
   Vergegenwärtigen, Verlernen, Vergessen 153
   Wissen im Zeichen des Lebens 163

Anhang

Anmerkungen 171
Literatur- und Siglenverzeichnis 178
Personen- und Sachregister 190
Zeittafel 195
Über den Autor 199

»Ich unternehme es folglich, mich von
jener Kraft allen lebendigen Lebens
(*la force de toute vie vivante*)
tragen zu lassen: dem Vergessen.
Es gibt ein Alter, in dem man lehrt,
was man weiß; doch danach kommt ein anderes,
in dem man lehrt, was man nicht weiß:
Das nennt man *Forschen*. Es kommt
jetzt vielleicht das Alter einer anderen
Erfahrung: der des *Verlernens* [...].«

Roland Barthes: Lektion
(L, OC III, 814; vgl. LL, 69/71)

Roland Barthes oder ein Wissen im Zeichen des Lebens

Schreiben als Leben-Wollen

Roland Barthes (1915-1980) darf man mit guten Gründen als jenen französischen Denker, Kultur- und Zeichentheoretiker der zweiten Hälfte des 20. Jahrhunderts begreifen, der für die Gegenwart, vor allem aber auch für die Zukunft das größte Potenzial an Ideen, Entwürfen und Entwicklungsmöglichkeiten bereithält. Denn einerseits sind seine Schriften, betrachtet man sie – wie es in diesem Band geschehen soll – in ihrer Gesamtheit, von einer ihnen eigenen Bewegung und Beweglichkeit geprägt, die sie auf den unterschiedlichsten Ebenen lesbar, ja aufgrund ihrer Vielstimmigkeit geradezu hörbar machen. Und andererseits sind viele seiner Vorstellungen zwar sorgsam und über lange Jahre konzipiert und angedacht, nach seinem Tod aber vielfach nicht konsequent weitergedacht, ja ausgedacht worden. Die Texte dieses großen Impulsgebers und Vordenkers halten noch viele Schätze, viele Überraschungen bereit.

Denn stets sind diese Schriften *LebensZeichen* im vollen Wortsinn. Damit ist keineswegs eine »nur« autobiographische Lesart gemeint. Barthes' Texte analysieren auf der Objektebene die Zeichen des Lebens im Leben und verbinden sie mit dem Leben ihrer Leserinnen und Leser auf ebenso subtile wie attraktive und unaufdringliche Weise. Geht es etwa in Roland Barthes' *Mythologies* (1957), einem seiner erfolgreichsten Bände, um die »Mythen des Alltags«, so zeigen uns die dort versammelten Analysen von Sport und Massenkultur, von Industriegütern und politischen Parteien, von Kunst und Lebensmitteln nicht nur die uns zu einem gegebenen Zeitpunkt umgebenden Phänomene des Lebens in einem neuen Licht. Sie lassen uns diese Objekte des Wissens nicht nur auf andere, originelle Weise begreifen, sondern zielen darauf ab, unser Erleben und Leben selbst und zwar gerade dort zu verändern, wo es am selbstverständlichsten zu sein schien. Barthes' Texte greifen auf das Leben in seinen unterschiedlichsten Formen und Normen zu. Er selbst hat, wie wir noch sehen werden, bisweilen von *LebensTexten*, von *Textes de la Vie*, gesprochen.

Nichts in Barthes' Texten ist, analysieren wir sie in ihrem intratextuellen Verwobensein, »natürlich« oder selbstverständlich. Denn die Texte des französischen Schriftstellers und Zeichentheoretikers brechen alle Selbstverständlichkeiten auf. Was uns als »natürlich« erscheint, wird uns als Kultur, als Ergebnis eines kulturellen Prozesses vor Augen geführt und in seinem historischen Gewordensein buchstäblich nahegebracht. Denn Barthes schreibt Texte, die ihr Lesepublikum im doppelten Wortsinn direkt angehen. Und dies, ohne die Leserschaft je in Abgründe stürzen zu wollen, in denen sich Wissen und Objekt ebenso unüberbrückbar wie unversöhnlich gegenüberstehen. So lautet der Schlusssatz der *Mythologies* nicht von ungefähr: »Und doch ist es eben dies, was wir suchen müssen: eine Wiederversöhnung von Realem und Menschen, von Beschreibung und Erklärung, von Objekt und Wissen.«[1] Wie aber könnte diese *réconciliation*, diese Wiederversöhnung aussehen?

Die *Fragmente eines Diskurses der Liebe*[2] zeigen uns nicht nur auf, inwiefern wir selbst in unseren intimsten Ausdrucksformen von Diskursen und Sprachregelungen durchlaufen werden, die uns in unserem scheinbar hochindividuellen Verhalten prägen und »fernsteuern«. Sie lassen uns auch Subjektpositionen und Stellungen einnehmen, die wir noch nie erprobt haben oder zu erproben wagten. Die damit einhergehende Entautomatisierung eingespielter Verhaltensmuster kann uns frei machen für neue Formen des Erlebens, für andere Ausdrucks- und Darstellungsformen, mit denen wir zuvor im Leben noch niemals experimentiert haben. Selbst die theoretischsten Texte Roland Barthes' führen uns Termini und Theorien nicht einfach vor, sondern lassen sie auf eine Weise lebendig werden, die uns die Abenteuer dieses Denkens, dieses Denkers, erlebbar macht. Die Deutungskunst des Roland Barthes, die uns auf der Objektebene die altgewohnten Gegenstände in ein verändertes Licht rückt, eröffnet auf der Subjektebene Dimensionen dessen, was man als ein Erlebenswissen und zugleich als eine Lebenskunst bezeichnen kann. Barthes' Schreibstil ist in einem Wissenschafts- und Denkstil, aber auch in einem Lebensstil verankert.

Schreiben steht bei Roland Barthes stets im Zeichen von Transfer und Transformation. Gerade weil die Gegenstände seines Schreibens so vielgestaltig sind, werden zwischen ihnen Transferprozesse in Gang gesetzt, die es uns erlauben, unsere eigene Gesellschaft zum Beispiel mit den Augen der strukturalen Anthropologie zu sehen, unsere eigenen Liebespraktiken als Ergebnisse vermeintlich ferner, fremder literarischer Traditionen zu erkennen, unsere eigenen Sehgewohnheiten anhand eines Erlebens dessen zu überprüfen, was nicht mehr ist und doch nicht aufhören kann zu sein. Denn finden wir mit Barthes in seinem letzten Buch, *Die helle Kammer* (1980), nicht die Allgegenwart des Todes in jeder Photographie, die doch so oft nicht mehr als ein Bild des Lebens, als ein Lebensbild zu sein vorgibt?

Es geht Barthes niemals nur um eine Analyse des Vorgefundenen und Aufgefundenen, sondern auch des (einst) Erfundenen und (künftig) zu Erfindenden, die im selben Maße wie das Gefundene in ein Spannungsverhältnis zum Gelebten und noch zu Erlebenden gesetzt werden. Die ständigen Friktionen zwischen Gefundenem, Erfundenem und Erlebtem erzeugen den Funken, der von der Ebene der Objekte auf jene der Subjekte überspringt. Dies macht die Hochspannung aus, die Barthes' Texte aus den 1940er wie aus den 1970er Jahren prägen.

Dieser elektrisierende Funkenflug trifft und betrifft ganz selbstverständlich auch das Subjekt des Schreibens selbst. Überblickt man das gesamte Schaffen Roland Barthes', so fällt schon bei einer ersten Annäherung die Schönheit der von ihm gewählten Titel auf. Denn sie lassen sich auf eine immer andere, verborgene und zugleich doch zeigende Weise mit dem Leben des Wissenschaftlers, mit dem Leben des Schriftstellers in Verbindung bringen. Sie sind Zeigen, Zeugen und Zeugnis in einem. Für ein erstes Buch hätte kaum ein besserer Titel gewählt werden können als *Am Nullpunkt des Schreibens* (1953). Und ist die Wahl des Titels für *Die helle Kammer*, das wenige Wochen vor seinem Tod erschien, nicht ebenso gelungen? Titel wie *Das Reich der Zeichen* oder *Die Lust am Text* sind stets nicht allein auf ihre Objekte, auf die jeweils untersuchten Gegenstände hin geöffnet, sondern zeigen zugleich zurück auf ein schreibendes Subjekt, das sich dieser Lust im eigenen Zeichenreich hingibt. Berührt es nicht eigenartig, wenn man erfährt, dass der letzte Text, der noch in Barthes' Schreibmaschine steckte, als er am 25. Februar 1980 beim Überqueren einer Straße von einem Lieferwagen angefahren wurde und wenige Wochen später im Krankenhaus starb, den Titel »Man scheitert stets, wenn man von dem spricht, was man liebt« trug?

Es gibt eine innere Logik und Kohärenz, ja eine beeindruckende Schönheit, die sich erschließt, wenn man das Barthes'-

sche Œuvre in seiner ganzen Vielfalt als Einheit begreifen will. Doch sollten wir uns davor hüten, dieses so facettenreiche und faszinierende Schaffen allein von seinem Ende her zu perspektivieren und ihm von seinem Ausgang her Sinn (frz. *sens* und damit auch Richtung) zu geben. Roland Barthes selbst hat hier ein Warnschild aufgestellt, als er in seiner Vorlesung vom 8. Dezember 1979 am Collège de France – also wenige Monate vor seinem Tod – bei seiner Erörterung von Arthur Rimbauds Lebensweg unmissverständlich festhielt:

»Es gilt, das evolutive Schema (das ›*Schicksal*‹) zu verlernen: nicht diesen oder jenen Augenblick im Leben eines Menschen zu privilegieren; es ist eine christliche Tradition, das Ende zu privilegieren, einen Menschen nach seinem Tode zu beurteilen (Vorstellung vom ›guten Ende‹).« (PR, 213; vgl. VR, 244)

Entscheidend für unsere Annäherung an Roland Barthes sollte folglich sein, nicht (wie so oft geschehen) den »späten« gegen den »frühen Barthes« – oder umgekehrt – auszuspielen, sondern die unterschiedlichen Logiken der jeweiligen Augenblicke herauszuarbeiten und in ihrer irreduziblen Vielfalt erkennbar zu machen. Dies bedeutet nicht nur den Verzicht darauf, vom sogenannten Spätwerk her eine Teleologie in die Barthes'sche Entwicklung einzublenden, die es in einem derartigen Sinne gewiss niemals gab, sondern auch die Offenheit vergangener Zukunft und damit jene große Zahl an alternativen Möglichkeiten wiederherzustellen, die sich dem Schreiben und der Suche dieses Autors in den 1940er und 1950er, aber auch in den 1960er und 1970er Jahren darboten.

Es geht daher im vorliegenden Band nicht um die Fixierung eines Lebenswegs, eines scheinbar vorbestimmten Schicksals eines »großen Denkers«, sondern um die große Zahl an schicksalhaften Konfigurationen, welche die Bewegungen dieses Menschen innerhalb des intellektuellen Kräftefeldes seiner Zeit mitbedingten. Mit anderen Worten: Es gilt, durch die Rückgewinnung von Offenheit in unserer Sichtweise der Vergangenheit jene Freiheit wiederzugewinnen, die uns – vor dem Hintergrund einer historisch möglichst exakten Rekonstruktion – die Konstruktion einer Offenheit der Zukunft, ja einer Eröffnung von Zukünften erlaubt. Es ist die Offenheit von Zukünften, bei deren Ausgestaltung das Denken Roland Barthes' hilfreich, vielleicht sogar unverzichtbar ist. Barthes' Denken ist prospektiv.

Im unmittelbaren Fortgang seiner soeben zitierten Überlegungen aus *Die Vorbereitung des Romans* hält Roland Barthes fest, dass die »Idee der (totalen) *Muße*« als ein »Lebenssystem (*système de vie*)« zu betrachten sei, insofern sie dem Schriftsteller im Akt des Schreibens »ein *Leben-Wollen*«, ein *Vouloir-vivre* vor Augen führe, das immer die »(verborgene) Gewalt eines *Ergreifen-Wollens*«, eines *Vouloir-saisir*, in sich trage oder mit sich bringe (PR, 213; vgl. VR, 245). In diesem Spiel eines Schreibens, das sich selbst in all seiner Gewalt als ein *Leben-Wollen* begreift, lässt sich, so scheint mir, vielleicht am deutlichsten jenes System des Lebens erfassen, in dem sich Schreiben und Leben, Schreiben-Wollen und Leben-Wollen zu einer außergewöhnlichen Intensität verdichten. Diese höchst intensive und *intime* Verbindung von Schreiben und Leben kennzeichnet den Schriftsteller wie den Wissenschaftler Roland Barthes zu Lebzeiten, aber auch *post mortem* ebenso wie sein mehr denn je *lebendiges* Schaffen: sein Lebenswerk.

Dieses Lebenswerk, das in einem fundamentalen Sinne *LebensZeichen* ist, hat sich im Verlauf der mittlerweile mehr als drei Jahrzehnte nach Barthes' Tod erheblich verändert und vergrößert. Entgegen manchen Behauptungen, die bisweilen im Stil des Enthüllungsjournalismus vorgeben, die Produktivität des französischen Intellektuellen habe im Verlauf seiner letzten Lebensjahre sehr nachgelassen und einer allgemeinen Erschöpfung, ja Sterilität Platz gemacht,[3] zeigt bereits der oberflächlichste Blick auf die Ende der 1970er Jahre entstandenen und veröffentlichten Schriften, mit welcher Intensität, mit welcher Gewalt sich das Schreiben bei Barthes bis zum Ende Bahn brach. Das Denken des »späten Barthes« dünnt nicht aus, es bricht ab – und vor allem bricht es auf.

Es wäre folglich töricht, von einem Versiegen der schriftstellerischen Produktivität des französischen Intellektuellen gegen Ende seines Lebens zu sprechen. Davon zeugen nicht nur die vielen veröffentlichten Artikel und Essays oder ein Band wie *Die helle Kammer*, sondern auch die im Verlauf der letzten Lebensjahre edierten umfangreichen Vorlesungsskripte und unveröffentlichten Schriften, welche – um es mit einem Ausdruck von Jorge Luis Borges aus dessen *Ficción* »Pierre Menard, Autor des Quijote« zu sagen – das *sichtbare* Werk des französischen Denkers postum erheblich vergrößert haben. Die umfangreiche Werkausgabe der 1990er Jahre, aber auch die nachgelassenen Schriften, die Vorlesungsmitschnitte, die Materialienbände zu einzelnen Seminaren des Semiologen wie auch die Tagebuchaufzeichnungen, deren Veröffentlichung bei Weitem noch nicht abgeschlossen ist, haben neue Grundlagen und Herausforderungen für ein komplexeres Verständnis eines Wissenschaftlers und Philosophen, eines Schriftstellers und Kulturtheoretikers geschaffen, dessen Bedeutung seit seinem Tod im Jahre 1980 zweifellos kontinuierlich gewachsen ist. Die Prognose fällt nicht schwer, dass Signifikanz und Relevanz des Barthes'schen Denkens auch im 21. Jahrhundert weiter zunehmen werden. Es ist an der Zeit, Roland Barthes aus einem veränderten Blickwinkel von Schreiben als Leben-Wollen neu zu entdecken.

Den Schrei im Schreiben hörbar machen

Am besten ließe sich Roland Barthes wohl als paradoxer Meisterdenker[4] verstehen, der im Verlauf seines Lebens für unterschiedlichste Positionen einstand und die verschiedenartigsten Figuren im intellektuellen Feld seiner Zeit verkörperte. Erwähnt seien an dieser Stelle nur einige dieser Figuren,[5] die immer – dies wird in diesem Band zu zeigen sein – *figurae vitae* waren: die des jungen, schneidigen Marxisten, der Albert Camus im Namen des historischen Materialismus anklagte, oder die des strukturalistischen Erzähltextforschers, der mit Algirdas Greimas oder Claude Bremond nach den Grundformen des Erzählens fahndete; die des gesellschaftskritischen Mythenforschers, der die strukturale Anthropologie eines Claude Lévi-Strauss vom Amazonas an die Ufer der Seine verpflanzte, oder die des Strategen im Literaturkampf, der sich vehemente Debatten mit den Vertretern einer positivistisch ausgerichteten Literaturwissenschaft leistete; die des poststrukturalistischen Reisenden auf der Suche nach dem Anderen, ja nach dem Fremden, das er in Marokko oder Japan weniger vorfand als erfand, oder die des philosophischen Dekonstruktivisten, der die Grenzen zwischen Wissenschaft und Literatur, zwischen Vorfinden und Erfinden nicht einfach übersah, sondern bewusst missachtete. Ließe sich ein spannenderes Bewegungsprofil im intellektuellen Feld der Nachkriegszeit Frankreichs vorstellen als das des Autors von *Kritik und Wahrheit*?

Wir könnten Roland Barthes mit guten Gründen als einen Meisterdenker verstehen, der uns – anders als der im ersten wie im letzten Barthes'schen Buch präsente und bewusst »verstellte«, deplazierte Jean-Paul Sartre – nichts vordenkt, was wir bewundernd nachdenken, nichts vorschreibt, was wir gehorsam nachschreiben müssten. Denn die gegen jede feste Lehrmeinung, gegen jegliche zur Doxa erstarrte Lehre gerichtete Paradoxie bestand gerade darin, dass Barthes jene Freiräume schuf, die ein kreatives Denken benötigt, will es seine eigene Stärke nicht durch rigide Exklusion alles Anderen, sondern durch flexible Inklusion all dessen entfalten, was uns ein vielstimmiges und zugleich eigenständiges Denken erlaubt. Dabei stand Barthes stets für eine hohe Attraktivität, ja eine Erotik des Wissens: ein Wissenschaftler, der uns zu Abenteuern des Wissens führt, ohne uns zu einer abenteuerlichen Wissenschaft zu verführen.

Die Faszinationskraft der Texte Roland Barthes' beruht zu einem nicht geringen Teil darauf, dass sie uns eine Intelligenz[6] zu lesen geben, die sozusagen bei der Arbeit, als *work in progress*, beobachtet werden kann. Nicht weniger faszinierend aber ist zu sehen, wie Barthes – und der Titel seines bereits erwähnten letzten Aufsatzes »On échoue toujours à parler de ce qu'on aime« weist darauf hin – gerade auch das Scheitern dieser Intelligenz zunehmend produktiv machte, gleichsam die Dummheit bei den Hörnern packte und vom Standpunkt einer »hergestellten Dummheit« aus die Arbeit einer »inszenierten Intelligenz« vorführte.[7] Ob Dummheit oder Intelligenz, ob Dummheit der Intelligenz oder Intelligenz der Dummheit: Barthes' Denken begeistert, weil es an immer neue, stets mobile Denk- und Subjektpositionen rückgebunden wird, die nicht nur auf ein Sujet, mithin auf einen bestimmten Gegenstand, verweisen, sondern im französischen Sinne auch auf ein Subjekt (*sujet*), das ständig seinen Standpunkt, seine Blickrichtung, seine Methode und seine Figuration zu verändern vermag. Barthes' Denken ist ein Denken in Bewegung und aus der Bewegung im Feld. Hierin liegt die Faszinationskraft seiner Texte.

Dies gilt für sein Schreiben auch insofern, als diese Bewegungen über schwankende, sich verändernde Subjektpositionen an ein Leben angekoppelt sind, das viele Biographeme mit dem »realen« R.B. teilt, das wir aber nicht einfach autobiographisch mit dem »realen« Autor gleichsetzen dürfen. Wie eng und intim diese Verklammerung von Schreiben, Bewegung und Leben erfolgen kann, mag eine Passage aus einem der sicherlich berühmtesten Vorträge des Zeichentheoretikers und Schriftstellers belegen:

»Und dann kommt auch eine Zeit (die selbe), in der das, was man gemacht, gearbeitet, geschrieben hat, wie einer Wiederholung überantwortet erscheint: Was denn, ich werde also immer, bis zu meinem Tod, Artikel schreiben, Vorlesungen und Vorträge halten über ›Sujets‹, die sich als einzige, und dabei so wenig, verändern! (Hier stört mich das ›über‹.) Dieses Gefühl ist grausam; denn es verweist mich zurück auf die Ausschließung alles *Neuen* oder gar des *Abenteuers* (das was auf mich ›zukommt‹); ich sehe meine Zukunft, bis zu meinem Tod, wie einen ›Zug‹: Sobald ich diesen Text, diese Vorstellung beendet habe, werde ich nichts anderes zu tun haben als wieder mit einem neuen, einer neuen anzufangen? Nein, Sisyphos ist nicht glücklich: Er ist entfremdet, nicht von der Anstrengung seiner Arbeit, nicht einmal von seiner Eitelkeit, jedoch von seiner Wiederholung.« (OC III, 832 f.; vgl. RS, 315 f.)

Als Roland Barthes diese wohldurchdachten, in raffinierter Vieldeutigkeit wie in der Schwebe gehaltenen Sätze formulierte, stand er auf dem Höhepunkt seiner nationalen wie internationalen Berühmtheit. Die hier angeführte Passage entstammt jenem am 19. Oktober 1978 am Collège de France gehaltenen und unter dem Titel »Longtemps, je me suis couché de bonne heure« (»Lange Zeit bin ich früh schlafen gegangen«) geradezu legendär gewordenen Vortrag, in dem der zum damaligen Zeitpunkt knapp dreiundsechzigjährige Barthes eine *Vita Nova*, eine neuerliche Wendung in seinem Leben und in seinem Schreiben, anzugehen suchte. Der dramatische Höhepunkt des Vortrags, der mit diesen Worten markiert wird und in der Anrufung des Sisyphos gipfelt, steht ganz im Zeichen einer unglückseligen Wiederholung des immer schon Wiederholten, aus dem es bis zum eigenen Tode, bis zum Ende aller Wiederholung, keinen Ausweg zu geben scheint. Es geht hier, daran kann kein Zweifel bestehen, um eine Lebens- und Überlebensfrage: Wie ließe sich die unendliche akademische Repetition mit ihren immer gleichen Riten und Vorträgen, wie ließe sich das Schicksal des Sisyphos in Gestalt des *homo academicus* vermeiden?

Es sind Worte der Erschöpfung, aber auch der Schöpfung wie des Widerstands gegen ein Leben, das den erfolgreichen Wissenschaftler in eine der bestimmenden und bis heute gewiss einflussreichsten Figuren des französischen Denkens der zweiten Hälfte des 20. Jahrhunderts verwandelt hatte: gegen ein Leben, das in der Banalität und Sterilität des alltäglichen Wissenschaftsbetriebs zu ersticken drohte.

Warum aber dieser Widerstand? Hatte Barthes sich nicht größtmögliche akademische Freiheiten verschafft? War es ihm nicht gelungen, ein Wissenschaftsprojekt mit einem Lebensprojekt in eine intime Verbindung zu bringen? Hatte er, der ins Collège de France und damit in eine der prestigeträchtigsten Institutionen des wissenschaftlichen Lebens Frankreichs aufgenommen worden war, nicht alles erreicht, was es auf diesem Gebiet überhaupt zu erreichen gab?

Hatte Roland Barthes im ersten Teil seines Vortrags eine Vielzahl von Bezügen seines eigenen Schreibens zum Leben wie zum Schreiben Marcel Prousts hergestellt, dessen berühmtes *incipit* (s)einer Suche nach der verlorenen Zeit Barthes den Vortragstitel schenkte, so wurden im zweiten Teil alle Überlegungen ausgerichtet an jenem »*Intimen*, das in mir sprechen und gegenüber der Allgemeinheit, der Wissenschaft, seinen Schrei hören lassen will« (OC III, 832; vgl. RS, 314). Seinen Schrei?

Diese Formulierung ließ und lässt aufhorchen. Denn die Rede vom »*intime qui veut parler en moi, faire entendre son cri, face à* la généralité, à la science«, zog die damaligen Zuhörer wie auch die heutigen Leser in ihren Bann. An dieser prekären Stelle, anlässlich der Reflexion eines zur Wiederholung verdammten wissenschaftlichen Schreibens, dessen *sujets* – und der Begriff ist nicht ohne Grund in Anführungszeichen gesetzt – allein variieren, wurde ein Schrei des Intimen hörbar, mitten in einem wissenschaftlichen Vortrag an einer der renommiertesten akademischen Institutionen Frankreichs. Roland Barthes ließ keinen Zweifel daran aufkommen: Er wollte diesen *cri* inmitten seiner *écriture*, diesen *Schrei* inmitten seines auf den ersten Blick akademischen *Schrei*bens nicht nur hörbar, sondern unüberhörbar machen.

Diese kryptographische (und zugleich anagrammatische) Schreibweise, welche die Worte unter den Worten versteckt und sie doch zugleich sichtbar, sinnlich erfahrbar werden lässt, trägt zur schillernden Vieldeutigkeit dieser Textpassage gewiss nicht weniger bei als die hervorgehobene Verwendung jenes Begriffes vom »Subjekt«, der zweifellos zu den umkämpftesten Wortfügungen der 1960er und der 1970er Jahre in Frankreich (und weit über dessen Grenzen hinaus) geworden war. In der obigen Passage meint dieser Begriff auf einer ersten Textebene sicherlich die so unterschiedlichen Sujets, die verschiedenartigen Gegenstände also, denen sich der Strukturalist und Poststrukturalist, der Literatur- und Zeichentheoretiker im Verlauf seiner höchst erfolgreichen wissenschaftlichen Karriere zugewandt hatte. Denn war es in seinen Büchern und Artikeln nicht ebenso um Automobile wie um Architektur, um Photographie wie um Phonologie, um Zeitschriftenwerbung wie um Zentralisierung gegangen?

Doch der Begriff des *sujet* deutet auch auf jene Debatten, die mit zunehmender Breitenwirkung in den 1960er Jahren um die abendländische Subjektphilosophie geführt wurden. Er blendet jene Theorieentwicklungen ein, in denen Julia Kristeva an die

Stelle des Begriffs der Intersubjektivität jenen einer Intertextualität setzte. Mit dieser Begrifflichkeit sollte das logozentrische, ja phallogozentrische Subjekt förmlich »ausgeräuchert« und einer Textualität überantwortet werden, die in sich selbst eine unabschließbare Produktivität[8] entfaltet, die folglich ohne jedes steuernde, lenkende und kontrollierende Subjekt auskommen wollte. Die französischen Intellektuellen rund um die 1960 gegründete Zeitschrift *Tel Quel* hatten zur Jagd auf das abendländische Subjekt geblasen. Barthes war eine jener entscheidenden Figuren, die zeigten, wohin die wilde Jagd ging.

Nicht umsonst hatte Roland Barthes in einem vielbeachteten Essay mit dem Titel »Der Tod des Autors« (OC II, 491-495; vgl. RS, 57-63), der erstmals 1967 erschien, auf öffentlichkeitswirksame Weise die literarische und literaturtheoretische Treibjagd auf jenes Autorsubjekt entscheidend vorangebracht, das bis zu diesem Zeitpunkt im Herzen einer abendländischen Subjekt- und Identitätsphilosophie die »natürlich« sinngebende und alles beherrschende Instanz gewesen war. Nichts aber war mehr natürlich. Indem er es vermochte, die erwähnten Ersetzungen von Intentionalität durch Textualität sowie von Intersubjektivität durch Intertextualität auf den Punkt zu bringen und im Verbund mit der Gruppe um *Tel Quel* zum sichtbarsten Vertreter einer literatur- und kulturtheoretischen Position zu werden, die sich vehement von der *ancienne critique* – die gleichsam mit einem vorrevolutionären *Ancien Régime* der Literaturkritik assoziiert wurde – distanzierte, gelang es Barthes auch, innerhalb eines sich nach den Ereignissen vom Mai 1968 rasch wandelnden akademischen Feldes eine (freilich stets umstrittene) Meinungsführerschaft zu behaupten, die er 1966 mit seinem Band *Kritik und Wahrheit* nach langen Auseinandersetzungen erkämpft hatte. Spätestens ab diesem Zeitpunkt galt Roland Barthes als die schillerndste Figur im intellektuellen Feld Frankreichs, in dem Jean-Paul Sartre seine lange Zeit dominante Position definitiv eingebüßt hatte. Man las Barthes, schon um zu wissen, wohin die Reise gehen würde.

Barthes kam innerhalb dieses Feldes keine klar definierbare Position, sondern eine Bewegung, keine Verortbarkeit, sondern eine Mobilität zu, die bereits an Ubiquität – wenn auch niemals an Beliebigkeit – zu grenzen begann. Den Begriff des *sujet* darf man folglich nicht nur auf sich immer wieder wandelnde Gegenstände, nicht nur auf einen spätestens seit der Veröffentlichung von »Der Tod des Autors« unübersehbare Infragestellung des Subjektbegriffs, sondern auch auf jene sich wandelnden Subjektpositionen, auf jene *erfundenen* Subjekte beziehen, deren Roland Barthes sich bediente, um etwa in seiner experimentellen Autobiographie *Roland Barthes von Roland Barthes* oder in seinen *Fragmenten eines Diskurses der Liebe* »Subjekte« sprechen lassen zu können. Subjekte wohlgemerkt, die keine Subjekte im traditionellen Sinne mehr waren.

Betrachtet man die wissenschaftliche Karriere Barthes' seit Beginn der 1950er Jahre bis zu seinem Vortrag vom 19. Oktober 1978 am Collège de France, so ist es durchaus beeindruckend, wie verschiedenartig all jene Figuren waren, die er im intellektuellen Feld Frankreichs verkörperte oder in Stellung brachte. Wir finden dort den jungen, aufstrebenden Wissenschaftler, der sich in seinem Büro vor Regalen mit Büchern oder Aktenordnern photographieren lässt und Züge jenes engagierten Intellektuellen zeigt, die gerade im Frankreich der 1950er und frühen 1960er Jahre an der Tagesordnung waren. In den Veränderungen seines Habitus lassen sich leicht auch jene sorgfältigen Modifikationen beobachten, die – wie Paul de Man in einem klugen Essay von 1972 formulierte – dafür sorgten, dass gegen Ende der 1960er Jahre an die Stelle von Pernod und Baskenmütze längst Milch und Kaschmirpullover getreten waren.[9] Doch zunehmend stoßen wir auf einen Roland Barthes, der sich in seinem privaten

Arbeitszimmer wie in einer Werkstatt präsentiert, der sich immer häufiger Formen einer photographischen Selbstinszenierung bedient, die ihn in den Posen des Künstlers oder des Schriftstellers zeigen.[10] War es nicht an der Zeit, die Mauern zwischen derartigen Kategorien zu schleifen?

In der Tat: Diese Inszenierungsformen von Wissenschaft sind nicht an eine wie auch immer bestimmbare Identität eines bestimmten Subjekts gebunden, sondern als Subjektpositionen konfiguriert, die immer wieder neue Figuren entwerfen, denen der Autor Roland Barthes Leben einzuhauchen versucht. Was all diese Figuren miteinander verbindet, ist keineswegs ein traditioneller Subjektbegriff, sondern vielmehr die Tatsache, dass sie in ihren unterschiedlichen Inszenierungen auf ein Leben verweisen, dessen Kon*figura*tionen sie als *LebensZeichen* gleichsam choreographisch vor Augen führen. »All dies«, so heißt es ausgerechnet in einer handschriftlichen Notiz, die dem eigentlichen Text seiner experimentellen Autobiographie paratextuell vorausgeht, »ist so zu betrachten, als hätte es eine Romanfigur gesagt« (RB, OC III, 81; vgl. ÜMS, 5). Hier spricht kein Subjekt, hier wird vielmehr eine »leere« Subjektposition signalisiert. In all diesen »Subjekten«, all diesen *sujets* aber wird jener Schrei im Schreiben hörbar, der das Schreiben an die Bewegung und damit an das Leben – und sei es an das Leben eines erfundenen, eines sich immer neu erfindenden Subjekts – bindet. Denn manifestiert sich das Leben nicht durch seinen ersten Schrei, von seinem ersten Schrei an?

Auf der Suche nach einem Wissen im Zeichen des Lebens

Wie kein anderer kannte Roland Barthes als das sprichwörtliche *enfant terrible* der französischen Literatur- und Kulturtheorieszene die verschiedenartigsten Schattierungen des – um mit Pierre Bourdieu zu sprechen – französischen *homo academicus*.[11] Er wusste folglich sehr genau, was er tat, als er in »Longtemps, je me suis couché de bonne heure« eine andere Konfiguration erprobte, die zweifellos mit jener *Vita Nova* (oder ital. *Vita Nuova*) verbunden war, die er sich nun, auf dem Höhepunkt seines beruflichen Lebensweges angekommen, für seine eigene Zukunft erhoffte, ja ersehnte. Es war die konkrete Umsetzung jenes Ausblicks, den er seinen Zuhörern am Ende seiner Antrittsvorlesung vom 7. Januar 1977 am Collège de France geboten hatte, von der aus er sein »neues Leben« in einen Zusammenhang mit seiner bisherigen Tätigkeit als Wissenschaftler zu bringen suchte. Denn diese Überlegungen sind mit dem Konzept des Lebens in der Tat auf intime Weise zusammengedacht:

»Wenn ich also leben will, dann muß ich vergessen, daß mein Körper historisch ist, ich muß mich in die Illusion begeben, daß ich ein Zeitgenosse der jungen gegenwärtigen Körper und nicht meines eigenen, vergangenen Körpers bin. Kurz, ich muß periodisch wiedergeboren werden, mich jünger machen, als ich bin. Mit einundfünfzig Jahren begann Michelet seine *Vita Nuova:* ein neues Werk, eine neue Liebe. Älter als er (und man versteht, daß dieser Vergleich einer der Zuneigung ist), trete auch ich in eine *Vita Nuova* ein, die heute durch diesen neuen Ort, diese neue Gastfreundschaft gekennzeichnet wird. Ich unternehme es folglich, mich von jener Kraft allen lebendigen Lebens (*la force de toute vie vivante*) tragen zu lassen: dem Vergessen. Es gibt ein Alter, in dem man lehrt, was man weiß; doch danach kommt ein anderes, in dem man lehrt, was man nicht weiß: Das nennt man *Forschen*. Es kommt jetzt vielleicht das Alter einer anderen Erfahrung: der des *Verlernens*, die nicht vorhersehbare Umarbeitung wirken zu lassen, durch die das Vergessen die Ablagerung des Wissens, der Kulturen, der Glaubensüberzeugungen, durch die man hindurchgegangen ist, prägt. Diese Erfahrung hat, glaube ich, einen berühmten und altmodischen Namen, den ich hier ohne Komplexe am Kreuzungspunkt seiner Etymologie aufzugreifen wage: *Sapientia*: keine Macht, ein wenig Wissen, ein wenig Weisheit und so viel Würze wie möglich.« (L, OC III, 814; vgl. LL, 69/71)

Auch in dieser Schlusspassage seiner Antrittsvorlesung fällt die Häufigkeit des kleinen Wörtchens »Leben« auf, das hier in starkem Maße mit der Erfahrung des eigenen, des alternden Körpers verbunden wird. Und doch heißt leben, folgen wir Roland Barthes, diesen Körper der Wirkung eines Vergessens auszusetzen, das prospektiven Zuschnitts ist und sich auf die Zukunft hin öffnet. Das Vergessen ist die Zukunftsform des Erinnerns: Es erinnert an Zukunft im Sinne offener Zukünfte.

Die lebendige Lebenskraft, von der im obigen Zitat die Rede ist, widersetzt sich vehement einem Memoria-Verständnis, das das Wissen in den Wissenschaften – ganz im Sinne von Charles Percy Snow – fein säuberlich zwischen den »beiden Kulturen« auftrennt: zwischen den Naturwissenschaften, welche »die Zukunft in ihren Knochen«[12] hätten, und den *Humanities*, den Geistes- und Kulturwissenschaften, die nicht von zukunftsorientierten *scientists*, sondern von talargewandeten Scholaren, von *scholars*, ausgeübt würden. Man darf wohl Roland Barthes zum Zeugen dafür anrufen, dass solch simplistischem Denken die Kraft des Vergessens, die Kraft eines prospektiven Verlernens entgegengestellt werden muss. Denn Vergessen und Verlernen sind prospektive Dimensionen einer Lebenskraft, die als *la force de toute vie vivante* Zukunftsdimensionen des Wissens aufschließt.

Dies bedeutet selbstverständlich nicht, dass die Zeichen der Vergangenheit nicht allgegenwärtig sichtbar blieben. Denn unser Körper selbst hält ihre Spuren am Leben. Das Erleben des gnadenlos fortschreitenden Alterns wird in diesen abschließenden, zugleich aber eröffnenden Schlussakkorden von Barthes' *Leçon* zum Ausgangspunkt einer Reflexion über die Wiedergeburt, die in ihrer körperlich-sinnlichen Dimension zugleich auch an eine intellektuelle Perspektive rückgebunden wird, welche sich der Beziehung von Wissen und Macht zuwendet.

Damit wird ein Wissensbegriff verbunden, der in seiner dreistufigen Veränderung – die im vorliegenden Band nachgezeichnet werden soll – auf die Konfiguration eines anderen Wissens abzielt. Das Verlernen wird so zur Zukunftsform des Lernens.

Die sich hier abzeichnende ästhetische und aisthetische Aufladung des Wissensbegriffs geht einher mit der angestrebten Schaffung eines Wissensraums *hors pouvoir*, gleichsam einer Lust am Wissen, die wohl der *libido sciendi* und der *libido sentiendi*, nicht aber dem Herrschen-Wollen und dem Herrschen selbst dienstbar ist. Der ganze Einsatz und das Wagnis eines machtvollen Denkens jenseits der Macht werden erkennbar.

Diese Lust und dieses Wissen stehen im Zeichen des Leben-Wollens, eines *Vouloir-vivre*: ein Wissen, das wie das Leben nicht nur auf die Vergangenheit, auf die Herkunft, sondern in fundamentaler Weise auf die Zukunft, auf die möglichen neuen Zukünfte gerichtet ist. Eine zurückblickende Memoria allein kann dieses Leben eben nicht erschaffen, nicht erfinden. Vergessen und Verlernen versuchen, das Vergangene aus der Vormachtstellung zu vertreiben und auf ein Prospektives hin zu öffnen.

Es geht folglich um eine neue Intensivierung eines Wissen-Wollens, welches sich einem anderen Typus von Wissen zuwendet, das allein disziplinär und wissenschaftlich – im Modus einer Mathesis, die Barthes in seiner Antrittsvorlesung von Mimesis und Semiosis abgrenzt – nicht zu haben ist: eben dem, was wir als Lebenswissen, Erlebenswissen und ÜberLebenswissen[13] bezeichnen können. Dass hiermit auch die Dimension eines ZusammenLebensWissens verknüpft ist, hatte Barthes zeitgleich durch seine erste, 1976 und 1977 am Collège de France gehaltene Vorlesungsreihe zum Thema des Zusammenlebens *Comment vivre ensemble* (CE; dt.: *Wie zusammen leben*, WL) demonstriert.

Zu den schönsten und im Sinne eines derartigen Lebenswissens berührendsten Figuren oder besser Kon*figura*tionen des Wissens gehört gewiss jene auf den ersten Blick so rasch hingeworfene Bewegungs-Skizze, in welcher der arrivierte Wissenschaftler an jenem 7. Januar des Jahres 1977 seiner Mutter – sie saß in der völlig überfüllten Antrittsvorlesung in der ersten Reihe ihrem Sohn fast gegenüber – mehr als nur seinen Dank abstattete. Es ist, ganz nebenbei, das Geschenk (*don*) einer Liebeserklärung an eine Frau, mit der er – sieht man von den Sanatoriumsaufenthalten des jungen Barthes einmal ab – ein ganzes Leben lang zusammenlebte:

»Und ich bin mehr und mehr davon überzeugt, daß, sei es beim Schreiben, sei es beim Unterrichten, die grundlegende Operation des Loslassens, wenn man schreibt, in der Fragmentierung, wenn man vorträgt, in der Abschweifung besteht, oder, um es mit einem köstlich zweideutigen Ausdruck zu sagen: in der *Exkursion*. Ich wünschte also, daß Sprechen und Zuhören, die sich hier miteinander verflechten, dem Hin und Her eines Kindes glichen, das in der Nähe der Mutter spielt, sich von ihr entfernt, dann zu ihr zurückkehrt, um ihr einen Stein, einen Wollfaden zu bringen, so rings um ein friedliches Zentrum einen Spielraum schaffend, innerhalb dessen der Stein oder der Wollfaden letztlich weniger bedeuten als das von Eifer erfüllte Geschenk, das daraus gemacht wird.« (L, OC III, 813; vgl. LL, 63/65)

Roland Barthes zeichnet in dieser *Lektion* gleichsam auf den Boden seiner wissenschaftlichen Tätigkeit jene Figuren und Choreographien des Wissens, die an keinem epistemologischen, sondern an einem existenziellen, auf das eigene Leben und Erleben bezogenen Mittelpunkt ausgerichtet sind: an seiner Mutter. Doch sollten wir die Bezeichnungen »Roland Barthes« und »Mutter« hier keinesfalls vorbehaltlos mit jenen realen Menschen identifizieren, die sich ein letztes Mal gemeinsam anlässlich eines akademischen Höhepunktes in der Laufbahn des Verfassers von *Roland Barthes von Roland Barthes* gegenübersaßen. Vergessen wir nicht: Die hier choreographierte Wissensfigur skizziert den Verlauf einer Wissensproduktion, in der – so scheint es– ein Verlaufen nicht vorgesehen ist. Und ein Verlernen?

Es handelt sich in jedem Falle nur um einzelne, sehr bewusst und gezielt eingesetzte Biographeme, die – wie es der Auftakt des vorangehenden Zitats andeutet – nicht in eine durchlaufende, kontinuierliche Geschichte integriert, sondern hochgradig fragmentiert werden. Sie sind *LebensFiguren* oder *LebensZeichen*, die nicht mit den lebendigen Menschen zu verwechseln sind – ganz so, wie das Lebenswissen der Literatur nicht mit einem Handlungswissen gleichzusetzen ist, das man eins zu eins ins »richtige«, ins »wahre« Leben übersetzen dürfte. Die Kopräsenz von Mutter und Sohn in der Antrittsvorlesung sorgte dabei für einen – um es mit dem Titel eines bekannten Essays von Roland Barthes zu sagen – »Wirklichkeitseffekt«, einen *effet de réel* (OC II, 479-484; vgl. RS, 164-172), von dem hier eine ungeheure Zärtlichkeit ausgeht. Wie zufällige Digressionen komplexifizieren die Bewegungsabläufe eine Zirkulation von Wissen, die weniger am Forschungsobjekt selbst als an der Geste des Geschenks, an der Inszenierung einer auf Wissen bezogenen und möglichst intensiven *Bewegung* (einschließlich ihrer *e-motion*-alen Aspekte) interessiert und ausgerichtet ist. Ein Wissensmodell, das nicht im Zeichen des Vergessens, wohl aber bereits im Zeichen des heraufziehenden Verlustes, des absehbaren Todes der Mutter, steht.

Wie er in seinem auf Juni 1971 datierten Vorwort zu *Sade, Fourier, Loyola* erläuterte, ging es Barthes um einzelne, nicht miteinander zusammenhängende Details und Biographeme, »deren Besonderheit und Mobilität außerhalb jeden Schicksals stünden« (SFL, OC II, 1045; vgl. SFD, 13). Eben diese *Mobilität* entfaltet Barthes in seiner Antrittsvorlesung in Form einer *figura vitae*, einer Lebensfigur, die hier als sternförmig begehbare Wissensfigur auf das eigene Leben (und Zusammenleben mit seiner Mutter) bezogen angelegt ist. Es sind die Bewegungen des Wissenschaftlers als Kind, zugleich aber auch die Bewegungen des Wissen-Wollens und Zeigen-Könnens, die jeglicher Form wissenschaftlicher Präsentation stets zugrunde liegen und bei Barthes mit einem intensiven Ausdruck des Leben-Wollens unauflöslich verbunden sind. Denn das Wissen-Wollen impliziert wie das Schreiben stets ein Leben-Wollen und verbirgt den Schrei nicht länger, der buchstäblich im Schreiben steckt.

Die Inszenierung von Wissenschaft als Kinderspiel suggeriert im Verbund mit der Mutterfigur – und dies ist bei Barthes keineswegs überraschend – nicht allein die Choreographie einer Proust'schen Suche nach der verlorenen Zeit, sondern entfaltet auf der Suche nach einem Wissen im Zeichen des Lebens eine Gemeinsamkeit und Gemeinschaft, in die sich die Texte von Roland Barthes stets einzuschreiben suchen. Denn nicht umsonst sind viele seiner Bücher – *S/Z* ebenso wie die *Elemente der Semiologie*, *Roland Barthes von Roland Barthes* ebenso wie die *Fragmente eines Diskurses der Liebe* – aus der Gemeinschaft, aus dem (wie Barthes selbst es 1974 in seinem Essay »Au Séminaire« einmal formulierte) Fourier'schen *phalanstère* der Seminare des Zeichentheoretikers entstanden. Sie sind folglich Früchte einer erlebten Gemeinschaft des Wissens (OC III, 21-28; vgl. RS, 363-372), die er an der École pratique des hautes études praktizierte und am Collège de France fortzusetzen versuchte. Sie bergen ein Wissen, das in der Lebenssituation des Seminars erprobt wurde und doch erst in der Form des Buches, in jener *écriture*, die Barthes in den Mittelpunkt seines Erstlingswerkes *Am Nullpunkt des Schreibens* (1953) stellte, seine eigene Wahrheit gewinnt. Denn: »Das Buch über den *Liebesdiskurs*«, so Barthes, »ist vielleicht ärmer als das Seminar, doch ich halte es für wahrer.« (CE, 178; vgl. WL, 212)

Diese (gewiss relative) Wahrheit des Schreibens begründet, warum in der Folge das Geschriebene, die Schriften von Roland

Barthes, im Mittelpunkt stehen – ohne doch auf den Reichtum des Gesprochenen der *Cours* und *Séminaires* verzichten zu wollen. Die Schriften aber sind stets in ein Erleben und Nacherleben eines Gelebten eingesenkt, das im Gelehrten, in der alltäglichen Lehre des Dozenten Roland Barthes, eine wichtige Fundierung besitzt. Die Schrift ist in ihrer (stets relativen) Autonomie Modellierung eines Lebenswissens, dessen Verankerung im Leben und Zusammenleben dem Autor von *Comment vivre ensemble* bis zur Stunde des Verlusts immer vor Augen stand.

Dieses Leben im Schreiben wurde spätestens dann zum unüberhörbaren Schrei im Schreiben, als Henriette Barthes, die Mutter des Schriftstellers, am 25. Oktober 1977 verstarb und ihr Sohn noch am folgenden Tag mit der Niederschrift seines *Tagebuchs der Trauer* begann. Wir können diesem *Journal de deuil* viele Hinweise darauf entnehmen, mit welchem enormen psychischen, emotionalen Aufwand die Vorbereitung jenes Vortrags verbunden war, den Roland Barthes fast genau ein Jahr nach dem Tod von Henriette Barthes am Collège de France an jenem 19. Oktober 1978 zu halten hatte. Denn anders als noch bei seiner Antrittsvorlesung *Leçon* blieb nun der Platz der Mutter im großen Hörsaal wie im Geflecht jener Bewegungen, die der Wissenschaftler als Kind sternförmig um ihre geliebte *Figura* beschrieb, definitiv leer. Der Eintrag vom 6. Oktober, mithin knapp zwei Wochen vor seinem Vortrag »Longtemps, je me suis couché de bonne heure«, zeigt die Intensität der inneren Auseinandersetzung mit dieser unveränderbaren Tatsache überdeutlich an:

»[Heute Nachmittag erschöpfende Hindernisse durch Aufgaben, mit denen ich im Rückstand bin. Meine Konferenz im Collège – Gedanke daran, was für Leute dorthin kommen könnten – Aufgeregtsein – ANGST. Und ich entdecke (?) dies:]

ANGST: immer bekräftigt – und niedergeschrieben – als zentral bei mir. Vor dem Tod von Mam., diese *Angst*: Angst, sie zu verlieren.

Und jetzt, da ich sie verloren habe?

Ich habe immer noch ANGST, und vielleicht mehr noch, denn paradoxerweise jetzt noch fragiler (daher mein Beharren auf dem *Rückzug*, das heißt einen Ort zu erreichen, der vollständig vor der *Angst* geschützt wäre).« (JD, 216; vgl. TT, 213)

Es gelang Roland Barthes, dieses Herausschreien der Angst, das in seinem Tagebuch wahrlich unüberhörbar ist, in ein Schreiben nicht nur zu transferieren, sondern zu transformieren, das gleichwohl noch immer diesen Schrei im Schreiben, diesen *cri* in der *écriture*, als Zeichen des Lebens ästhetisch wahrnehmbar macht. Es ist zutiefst beeindruckend – verfolgt man den sich hier abzeichnenden aufwendigen Weg von der »Entdeckung« des Zusammenhangs zwischen Vortragsthema, Vortragsort und Tod der Mutter bis zur ruhigen Performanz jener *conférence* vom 19. Oktober 1978 –, mit welcher Energie und Lebenskraft Barthes das Thema seines großen Verlusts nicht nur in seine Sichtweise von Prousts *Auf der Suche nach der verlorenen Zeit* einschrieb, sondern für seine eigene Suche nach einem Wissen vom Leben im Leben fruchtbar machte. Haben wir es hier nicht mit einem bewegenden Beispiel von Literaturwissenschaft im Modus der Literatur zu tun?

Wie kein anderer repräsentiert, ja verkörpert Roland Barthes die Wege (und vielleicht auch manche Abwege), die Abenteuer (aber niemals die Abenteuerlichkeit) und die Herausforderungen des Wissens und des Denkens im Frankreich der zweiten Hälfte des 20. Jahrhunderts. Eine Geschichte des europäischen Denkens während dieser Zeit kann ohne Roland Barthes nicht geschrieben werden. Im Anschluss an Barthes sollen diese Wege auf drei einander freilich stets überkreuzende Wegstrecken mehr verteilt als unterteilt werden: eine erste des Lehrens, was man weiß; eine zweite des Lehrens, was man nicht weiß; und eine dritte des Alters des Verlernens. Verlernen, das haben wir gelernt, kann und darf hier als die prospektivste, der Pluralität der Zukünfte gegenüber am weitesten geöffnetste Form des Lernens verstanden werden. Denn hört das Leben nicht an jenem Punkte auf, an dem es im Zeichen untragbarer Last nicht mehr gelingen mag, dem Verlust mit List noch immer ein Stückchen Lust zu entreißen?

Wenn es denn beim Philosophen Roland Barthes eine »Wahrheit des Schreibens« gibt, so ist es jene, die im Zeichen des Lebens steht, ohne mit dem »wahren« Leben in eins zu fallen. Theorie ist dann nichts anderes als die Fortsetzung des Lebens mit noch intensiveren Mitteln, mit Begriffen, die ein anderes, ein neues Begreifen nicht nur ermöglichen, sondern erlebbar und lebbar machen. Dies sind die LebensZeichen, die für die Schriften Roland Barthes' als neue LeseZeichen dienen.

1. Lehren, was man weiß: Vom »Ersten Text« bis zu »Kritik und Wahrheit«

Literatur als Welt und die Dichte des Lebens

Einen Monat vor seinem Tod, in seiner Vorlesung vom 16. Februar 1980, gab Roland Barthes auf die Frage, was mit Blick auf Mallarmé, Kafka, Flaubert oder Proust unter Heldentum im Bereich der Literatur zu verstehen sei, eine vollmundige Antwort:

»Eine Art absoluter Exklusivität, die der Literatur eingeräumt wird: Monomanie, fixe Idee, wird man aus psychologischer Sicht sagen; aber anders gesagt auch eine Transzendenz, die sie als vollen Term in eine Alternative zur Welt stellt: Die Literatur ist *Alles*, sie ist das *Ganze* der Welt [...].« (PR, 357 f.; vgl. VR, 421)

Lange vor der Veröffentlichung von *Am Nullpunkt des Schreibens* (1953) könnte bereits der junge Barthes der 1930er und 1940er Jahre diese Frage mit eben dieser Wendung beantwortet haben: *la littérature est Tout*. Dieser auf den ersten Blick unmäßig erscheinende Anspruch bedeutet keineswegs, dass Roland Barthes sich nicht – und dies bisweilen über längere Zeiten – auch anderen Gegenständen und Themenbereichen zugewandt hätte. Doch wird er weder der Philosophie noch dem System der Mode, weder dem Studium der Mythologie noch Film oder Malerei je eine derart radikal verstandene Totalität, »das Ganze der Welt« zu sein, zusprechen. Literatur nimmt im Barthes'schen Gesamtwerk eine Sonderstellung ein.

Doch damit nicht genug. Seiner Vorlesung über die Frage des Zusammenlebens legte er die Behauptung zugrunde, dass die Literatur stets allem anderen voraus sei: Sie ist *toujours en avance sur tout* (CE, 167; vgl. WL, 198). Literatur ist folglich nicht nur allumfassend, sie skizziert auch vor und hält als Wissen bereit, was sich andere Wissensformen und insbesondere die Wissenschaften erst mühsam erarbeiten und aneignen müssten. Literatur blickt folglich nicht allein auf die Geschichte(n) zurück, sie weist in die Zukunft und besitzt ein prospektives Wissen. Was aber gilt Barthes als Literatur?

Eine erste Antwort, die bereits andeutet, wie weit gespannt das Literaturverständnis – und nicht allein der Literaturbegriff – des Roland Barthes ist, bietet uns jener Text an, den der Zeichentheoretiker erstmals 1974 in einer ihm gewidmeten Sondernummer der Zeitschrift *L'Arc* abdrucken ließ. Dieser Text, so Barthes in seiner kurzen Präsentation, sei 1933 entstanden, als der Siebzehnjährige noch Gymnasiast am renommierten Lycée Louis-le-Grand in Paris war. Das Sujet dieses *premier texte* ist rasch umrissen: Als »Pastiche eines Pastiche« (OC III, 17) schrieb der Text unter dem Titel »Am Rande des Kriton« Platons Text insofern eigenwillig um, als er Sokrates ins Leben zurückkehren ließ und dem Philosophen einen Tod ersparte, der ihn »inmitten eines so süßen und so reinen Lebens« (OC III, 19) ereilt hätte. Platons Text wird umgemodelt.

In dieser mithin zum »Ersten Text« stilisierten Schrift verbinden sich Lesen und Schreiben, unter dem offenkundigen Einfluss von André Gide, aber auch Philosophie und Literatur von Anfang an auf engste Weise. Ein Schreibverfahren kündigt sich an, das man als die Deplatzierung, die »Verstellung« des Bezugstextes bezeichnen könnte. Und die Feigen, deren Genuss Sokrates wieder ins Leben zurückholt, machen auf die sinnlich-körperliche Qualität aufmerksam, die der junge Gymnasiast in seinem sorgfältig antikisierenden Pastiche so sehr hervorhob. Der Text schreibt das um, was gerade gelernt wurde – und demonstriert zugleich, wie das Schreiben sich seiner Gegenstände intertextuell bemächtigt.

Jene griechische Inselwelt, in der sich Barthes' erster literarischer Text entfaltete, erblickte der junge Student erstmals im Jahre 1938, als er mit der von ihm an der Sorbonne mitbegründeten Gruppe »Antikes Theater« eine Reise nach Griechenland unternahm. Die insgesamt zehn unterschiedlich kurzen Mikrotexte, die Roland Barthes, schwer an Tuberkulose erkrankt, im Juli 1944 in der kleinen Zeitschrift *Existences* des Sanatoriums von Saint-Hilaire-du-Touvet erscheinen ließ, bilden zum einen den ersten literarischen Reisebericht des späteren Verfassers von *Das Reich der Zeichen*, entwerfen zugleich aber auch zum ersten Mal das, was man mit Fug und Recht als eine Landschaft der Theorie bezeichnen kann. Archipelische Strukturen beherrschen diesen in verschiedenste Textinseln aufgespaltenen »Reisebericht« von Beginn an: »In Griechenland gibt es so viele Inseln, daß man nicht weiß, ob jede einzelne von ihnen das Zentrum oder der Rand eines Archipels ist. Es ist auch das Land der reisenden Inseln: Man glaubt, ein Stück weiter jene wiederzufinden, die man soeben verlassen hat.« (OC I, 54)

Eine Landschaft der Theorie entsteht. Denn *En Grèce* (*In Griechenland*) bildet im vollen Wortsinne ein Archipel von Texten, die einerseits *Insel-Welten* (also voneinander abgeschlossene, einer je unterschiedlichen Eigen-Logik gehorchende Einheiten), andererseits aber auch *Inselwelten* (mithin zu Inselgruppen zusammengeführte und damit relationalen Logiken gehorchende Vielheiten) konfigurieren. »In Griechenland« bildet insofern als Archipel-Text eine Landschaft der Theorie, als hier sowohl die für Barthes' gesamtes Schreiben charakteristische Kurzschreibweise (*écriture courte*) als auch die Anlage polylogischer Verstehensstrukturen in Form einer mediterranen Landschaft literarisch vor Augen geführt wird. Ein kleines Schmuckstück, das bereits viele Charakteristika des künftigen Schreibens Roland Barthes' aufleuchten lässt.

Denn es ist faszinierend zu beobachten, auf welch raffinierte Weise diese Mikrotexte grundlegende Strukturierungen eines theoretischen Schreibens im Modus der Literatur enthalten, wie sie Jahrzehnte später Texte wie *Das Reich der Zeichen* (1970) entfalten. Wir haben es bereits in diesem Text von 1944 mit der Inszenierung von Figuren des Diskontinuierlichen und des Fraktalen zu tun. Ein Zeichenreich *in nuce* – und ein LebensText in eben jenem Sinne, in dem Barthes in seinem Text »Das semiologische Abenteuer« sein Buch über Japan als einen *Texte de la Vie* (AS, OC III, 39; vgl. SA, 11) bezeichnete.

Nicht allein die Figur des reisenden Erzählers, auch die Inseln selbst sind in *En Grèce* in ständiger Bewegung, verändern ihre Lage, befinden sich bisweilen im Zentrum, bisweilen am Rand des Archipels und vernetzen sich zu immer neuen Konfigurationen. Alles ist mit allem verbunden: ein Text über ein Archipel als Archipel, der – an ein Erleben gekoppelt – fraktal, wie eine *mise en abyme*, eine ganze Welt entstehen lässt.

Nicht die hehre Geschichte Griechenlands, nicht die Mythologien von Göttern und Helden, nicht die Stadtlandschaft der Akropolis wird uns in diesem originellen Reisebericht nahegebracht, sondern das quirlige Alltagsleben einer schmutzigen, überhitzten und deutlich heruntergekommenen Stadt. Die Grenzen zwischen »Kunst« und »Leben«, zwischen dem Innenraum des Theaters und dem Außenraum der Stadt beginnen zu verschwimmen:

»An Bemerkenswertem gibt es in Athen noch einen großen öffentlichen Park, wo es zu nächtlichen Aufführungen in einem Theater im Grünen kommt; wir haben dort eine Clownerie gesehen, die in einem ulkigen Französisch vorgetragen wurde, das ebenso deformiert ist wie das Englische, das man bei uns im Zirkus spricht. Man wohnt alledem beiläufig bei und lutscht dabei am Eis. [...] Die Monumente von Athen sind genau so schön, wie man es oft gesagt hat. Es gibt ein übles Viertel, das ich sehr liebte; es liegt zu Füßen der Akropolis; dort gibt es nur kurze und enge Einkaufsstraßen, die aber voller Leben sind; ich flanierte dort oft.« (OC I, 54 f.)

Der Blick des jungen Literaten, der auch schon der Blick des künftigen Mythologen ist, bildet einen *LebensText*, der sich auf die Suche nach dem prallen Leben jenseits des Erwartbaren und der Repetition, der starren und sterilen Wiederholung, begeben hat. Eine Literatur im Wartesaal, im Vestibül. Das Abenteuer des Schreibens, der *écriture*, hat begonnen.

Die ganze Welt der Literatur, aber auch die Literatur als eine ganze, vollständige Welt: Beides hat sich Barthes nun erschlossen. Aus dem Blickwinkel dieser gängigen Verstehens- und Schreibmustern entfliehenden Ausdrucksform lässt sich das gesamte Barthes'sche Schaffen neu perspektivieren. Denn noch in seinen theoretischsten Texten hat Roland Barthes stets aus dem, über das und vom Leben geschrieben.

So lässt sich die jahrelange, bis Anfang der 1940er Jahre zurückreichende Beschäftigung und Auseinandersetzung mit dem ihn zeitlebens faszinierenden französischen Historiker und Schriftsteller Jules Michelet, die 1954 in der Reihe »Ecrivains de toujours« bei Seuil in Buchform erschien, nicht nur als eine biographisch motivierte Suche nach dem Leben eines großen Vorbilds, sondern nicht weniger als der Versuch verstehen, mithilfe neuer Schreibformen neue Denkweisen eines ÜberLebenSchreibens zu entfalten, um auf diese Weise ein anderes, innovatives Begreifen der überzeitlichen Bedeutung des Geschichtsschreibers Michelet zu erreichen. Barthes' *Michelet par lui-même* ist in diesem Sinne zweifellos ein LebensText *par excellence*.

Das Experimentieren mit Formen der traditionellen Biographie entwickelt der junge Kritiker und Schriftsteller mithilfe einer oftmals kurzen, vielfach gebrochenen und diskontinuierlichen Schreibweise zu einer höchst originellen literarisch-kritischen Form, die ähnlich wie »In Griechenland« mit gängigen Erwartungen nicht viel Federlesens macht. So spult er unter dem Titel »Memento« vorab auf zwei knappen Seiten mit beigefügten Materialien eine Übersicht über all jene historischen Fakten ab, die er im weiteren Verlauf seiner Biographie souverän übergehen wird. Auf diese Weise werden die durchaus nicht unbegründeten Erwartungen des Lesepublikums zwar aufgenommen, mit derselben Geste aber unwiderruflich verabschiedet. Denn es geht Barthes weniger um die Geschichte als um das Leben.

Ins Über-fremde-Leben-Schreiben der Biographie mischt sich dabei schon früh das Autobiographische eines Schreibens über das eigene Leben. Nicht eine von Barthes' *fiches*, von seinen Zetteln und Karteikarten, die er mit Zitaten, mit Biographemen Michelets füllte, in die sich nicht auch *en filigrane* Biographeme Barthes', ja die Stimme von Barthes eingeschmuggelt, eingeschrieben hätte. Geradezu notwendig fast, dass Barthes in derselben Reihe bei Seuil gut zwei Jahrzehnte später »seinem« *Michelet* einen *Roland Barthes von Roland Barthes* folgen ließ. Und wieder, wie schon bei den Tausenden von Karteikarten und Zettelchen mit Michelet-Zitaten, werden es 1975 eine Unzahl von Zetteln sowie kleine Karteikästen sein, mit deren Hilfe ein Leben modelliert wird, das in der Biographie Michelets wie in der Autobiographie des R.B. im Grunde ein Doppel-Leben darstellen wird. *Une vie peut en cacher une autre*: Ein Leben verdeckt hier kryptographisch – also wie in einer Geheimschrift – das andere und baut seine Spannung doch aus diesen Worten unter Worten, aus diesem Leben unter Leben auf.

Barthes betont in seiner Biographie von Anfang an, er sei an der »Struktur einer Existenz«, einer »Thematik oder besser noch eines organisierten Netzes von Obsessionen« (M, OC I, 245; vgl. MD, 27) interessiert. Es sei ihm um eine Einheit zu tun, fügt er sogleich hinzu, und nicht um deren Wurzeln in einer Geschichte oder Lebensgeschichte. Denn der eigentliche Fokus der Untersuchung liegt darauf, dass im Falle Michelets Historiker und Historie eine Art Symbiose, ein Zusammenleben also, eingehen: Der Körper des Geschichtsschreibers ist mit der Geschichte auf intimste Weise lebendig verbunden. Denn wenn die Geschichte Frankreichs krank ist, dann ist es auch der mit ihr in Symbiose lebende Geschichtswissenschaftler: Er wird *malade d'Histoire* (M, OC I, 254; vgl. MD, 45). Kein Wunder: Jules Michelet ist – so eine Kapitelüberschrift – ein Geschichtsvertilger, ein *mangeur d'histoire* (M, OC I, 253; vgl. MD, 43), und so ist ihm die Geschichte, etwa jene der Französischen Revolution, vor allem dies: Leben spendendes *Lebens-Mittel*.

Dabei schreckt Barthes nicht davor zurück, den sicherlich bedeutendsten französischen Geschichtsschreiber des 19. Jahrhunderts zu animalisieren: Michelet weidet die Geschichte wie ein Rindvieh auf der Wiese ab (M, OC I, 255; vgl. MD, 46). So ist Michelet, was er isst. Konsequenterweise ist der Körper der Geschichte von der Geschichte des Körpers des Geschichtenvertilgers in keiner Weise mehr zu trennen: Das ÜberLebenSchreiben der Biographie hält diesen Speiseplan geduldig fest, würzt die verwendeten Lebensmittel mit Zitaten, die sich der ebenfalls erkrankte Barthes noch in den 1940er Jahren auf seinen Zettelchen im Sanatorium herausgeschrieben hatte.

Wie hätte der junge Barthes in seiner Situation nicht geradezu obsessiv auf all jene Körpersignale achten sollen, die den lebendigen Textkörper des von ihm Biographierten durchziehen? Hatte er nicht selbst längst damit begonnen, mit Michelet in einer Art

Symbiose zusammenzuleben, in einem symbiotischen Verhältnis, für das Jules Michelet als Vorgänger Roland Barthes' am Collège de France als Autor einer Literatur im vestibulären Zustand wie kein anderer stand? Kein Zweifel: Michelet selbst darf seit den 1940er Jahren nicht nur als Leib-und-Magen-Autor Barthes', sondern als eines der wichtigsten muttersprachlichen Lebensmittel des französischen Denkers angesehen werden.

Die auf der freien Weide befindlichen Grenzzäune zwischen Geschichtswissenschaft und Literatur, die der Geschichtstheoretiker Hayden White im Verlauf der 1960er und 1970er Jahre von Seiten der Historiographie so erfolgreich unterlief, hatte Barthes in diesem Band von 1954 bereits von einer Literaturwissenschaft her missachtet, die man durchaus als Literatur verstehen und auch lesen kann. Es geht um das Verständnis einer *Literatur*wissenschaft, die nicht am positivistischen Faktenwissen (das im »Memento« von Beginn an »eingezäunt« wird), sondern an einem Lebenswissen ausgerichtet ist, das als Wissen vom Leben im Leben weiß, wie sehr das Schreiben stets – im weitesten Wortsinn – ein vitales Lebens-Mittel ist.

Das Zerstäuben der Biographie des Historikers in einzelne, voneinander scheinbar isolierte Biographeme, die miteinander vernetzt die archipelische Schreibweise Barthes' charakterisieren, führt freilich keineswegs dazu, dass die kulturtheoretischen und geschichtsphilosophischen Überlegungen sich als Bruchstücke zu keiner zusammenhängenden Konzeption mehr fügen könnten. Ausgehend von Michelet, aber anders als bei diesem französischen Historiker wird die Französische Revolution zur Bruchlinie einer Geschichte, in der im Biographem das Theorem von einer Nach-Geschichte aufscheint, dem in den hitzigen Debatten der zweiten Hälfte des 20. Jahrhunderts noch eine große – wenn auch heute längst historisch gewordene – Sprengkraft zukommen sollte:

»Da die Revolution die Zeiten zur Erfüllung bringt, was kann da noch die Zeit sein, die auf die Revolution folgt, also genau die Zeit, in der Michelet lebt? Nichts, außer einer Post-Histoire. Das 19. Jahrhundert ist ziemlich lästig; warum geht es weiter, wenn es im Kampf um die Freiheit keinen Platz mehr hat? Und dennoch existiert es. Was ist es also? Nur eine Gnadenfrist, eine gnadenvolle oder schreckliche, in jedem Falle aber eine überzählige Zeit, ganz so wie die Zeit der Geduld Gottes, die den Christen zwischen dem Tode Christi und dem Jüngsten Gericht geschenkt ist.« (M, OC I, 281; vgl. MD, 87)

Nichts ist hier zu spüren von jenem modischen, trendbewussten *Posthistoire Now!*, das die Rede vom Ende der Geschichte drei Jahrzehnte später so freudestrahlend in die Arme nahm.[14] Keine Reiter der Apokalypse sind hier in Sicht: Es ist vielmehr die Einsicht, dass Nachgeschichtlichkeit nicht aus der Geschichte entlässt, sondern neue Lebenschancen eröffnet, die den Lebensprozessen – dies macht diese verdoppelte Bio-graphie deutlich – eine unübersehbar erhöhte Relevanz verschaffen. Weltgeschichte wie Heilsgeschichte dienen hier als Folien, auf denen sich die paradoxe Zeiterfahrung nach der *Libération* abzuzeichnen begann. Was aber war von einer Zeit »nach« der Befreiung zu erwarten?

Als sein *Michelet* 1954 erschien, hatte sich Barthes bereits als Literaturtheoretiker und Literaturhistoriker neuen Typs einen Namen gemacht. Die Zeit bot neue Chancen. Denn mit seinem ersten Buch, *Am Nullpunkt des Schreibens* (1953), hatte Barthes die Aufmerksamkeit auf sich und auf einen Begriff gezogen, der in den 1950er, 1960er und 1970er Jahren wohl zur entscheidenden Spielmarke in den Theoriedebatten wurde: die *écriture*. Noch konnte niemand ahnen, dass Barthes über mehr als ein Vierteljahrhundert lang die neuen Begriffsprägungen im Feld der Theorie entscheidend mitgestalten sollte.

Das Schreiben beziehungsweise die Schreibweise ist bei ihm 1953 eingebunden in eine begriffliche Trias, wobei die Sprache (*langue*) und der Stil (*style*) als »blinde« (D, OC I, 147; vgl. NL, 20), nicht zu beeinflussende Kräfte bezeichnet werden. Denn die Sprache sei dem Schriftsteller auferlegt – ganz so, wie Barthes ein Vierteljahrhundert später in seiner Antrittsvorlesung am Collège de France die Sprache als faschistisch charakterisieren sollte, insofern sie nicht zu sagen erlaube, sondern zu sagen zwinge (L, OC III, 803; vgl. LL, 19). Der Stil wiederum sei an die »persönliche und geheime Mythologie des Autors« gebunden (D, OC I, 145 f.; vgl. NL, 16) und damit keine Ausdrucksform eines (sprach-)künstlerischen Gestaltungswillens, sondern gleichsam mit dem Körper symbiotisch verbunden.

Quer zu Sprache und Stil aber eröffnet sich für die *écriture* ein Spielraum, der zum Ort einer Wahl, eines Engagements werde. Damit verstellt Barthes die Sartre'schen Begriffe von *choix* und *engagement* und transferiert sie von der Ebene des Inhalts auf die Ebene der Form: ein Transfer, der eine fundamentale Transformation in der Sichtweise des Schreibens wie der Literatur mit sich bringt. Man übertreibt hier nicht, wenn man diese »Verrückung« oder »Verstellung«, die wie ein produktives Vergessen und Verlernen der ursprünglichen Begriffsbedeutungen wirkt, als epochemachend bezeichnet.

Damit wird eine Geschichte der *écriture* denkbar, die nicht die Geschichte der Literatur, sondern die der sprachlichen Zeichen selbst zu sein hat. Mit dem Zerbrechen einer bis dahin einheitlichen klassischen Schreibweise um 1850 sei eine Vielzahl von *écritures* entstanden, so dass sich dem (französischen) Schriftsteller hier ein neues Feld des Engagements und der Solidarität eröffnet habe, das in der Tat auch intensiv genutzt worden sei – bis in die Gegenwart, für deren Herausforderungen bei Barthes paradigmatisch Albert Camus und Jean Cayrol angeführt werden. Sartres berühmter, die Nachkriegszeit prägender Frage, was denn Literatur sei, wird eine neue Wendung gegeben, indem die Prosa, die Sartres

»Reich der Zeichen«[15] ausmachte, zur Spielfläche des Engagements einer Schreibweise (und nicht einer politischen Position) wird. Barthes' Weg führt weit von Sartre weg, auch wenn der Autor von *L'être et le néant* stets ein wichtiger, zumeist versteckter Bezugspunkt seines Schreibens bleiben wird.

Wichtig ist bei der von Barthes vorgeschlagenen Begrifflichkeit der Gedanke, dass in den Wörtern die alten Bedeutungen unter den neuen fortlebten und eine Art »zweites Gedächtnis« besäßen (D, OC I, 148; vgl. NL, 23) – eine Art Kryptographie, die man durchaus mit Saussures Anagrammen in Verbindung bringen könnte.[16] Wörter entwickeln so ein Eigenleben, dem Barthes oft mit großer Leidenschaft nachspürte. Wichtiger aber noch scheint mir, dass sich von diesem Punkt aus nicht nur etymologische und begriffsgeschichtliche, sondern vor allem diskursanalytische Entwicklungslinien aufzeigen lassen, nahm sich Barthes doch bereits in *Am Nullpunkt des Schreibens* politische Diskurse vor, bescheinigte dem marxistischen Diskurs eine Geschlossenheit terminologischer Ausschlussmechanismen (D, OC I, 152; vgl. NL, 31 f.), die im Stalinismus – so Barthes im Jahre 1953 – ihren tautologischen (und kriminellen) Höhepunkt erreicht hätten. Dieser sprach- und ideologiekritische Impetus blieb dabei keineswegs auf den Marxismus begrenzt, sondern ergriff mit nicht geringerer gedanklicher Schärfe auch Gaullismus oder bürgerlichen Liberalismus. Weder die *écriture politique* noch die *écriture intellectuelle* boten für Barthes hier Alternativen an. Es war an der Zeit, ein neues Sprechen, ein neues Schreiben nicht zu finden, sondern zu erfinden – und vor allem zu leben.

Vor diesem Hintergrund entwickelte Barthes sein Konzept der Literatur, die eine Maske trage und beim Vorwärtsschreiten auf sie zeige: *larvatus prodeo* (D, OC I, 159; vgl. NL, 49). Dies ist eine auf sich zeigende Zeigung, die nur dadurch zur künstlerischen Zeugung wird, dass sie sich spielerisch findet und erfindet, um so immer wieder neu, im sich verändernden Maskenspiel der Subjektpositionen, zum Leben zu kommen. Denn Findung und Erfindung sind bei Barthes im Leben – und damit selbstverständlich auch im Tod – fundiert: »Der *Roman* ist ein *Tod*; er macht aus dem Leben ein Schicksal, aus der Erinnerung einen nützlichen Akt und aus der Dauer eine gerichtete, bedeutsame Zeit.« (D, OC I, 159, vgl. NL, 48) Dass dieses Leben nicht nur individuelle Schöpfung, sondern gesellschaftliche Handlung ist, versteht sich in *Am Nullpunkt des Schreibens* von selbst (D, OC I, 159 f.; vgl. NL, 48 f.).

Die in diesem ersten Buch Barthes' wiederholten Hinweise auf die Maske(n) lassen bereits jenes Oszillieren zwischen verschiedenen »Gesichtern«, zwischen verschiedenartigen *sujets* erkennen, das für die ständigen Bewegungen nicht des Literaten, sondern des Theoretikers Roland Barthes im intellektuellen Feld charakteristisch ist. Aber befindet er sich nicht, wie der Schriftsteller überhaupt, in einer letztlich tragischen Situation? Denn er ist der Erbe einer Sprache, für die er keine Verantwortung trägt, der er aber nicht entgehen kann – es sei denn durch die Verstellung und Deplatzierung von Sprache, folglich durch Sprachendiebstahl. Ließe sich damit nicht im Deplatzieren fremder Sprachen vermeiden, dass ein Leben zum Schicksal und dieses Schicksal – durch jene definitive, fatale Festlegung aller Bedeutungen, welche ein Schicksal bilden – zum Tod wird?

»Am Rande des Kriton«, Barthes' erster Text, hatte hier bereits erkennbare Weichenstellungen vorgenommen oder zumindest doch angedeutet. Der spielerische intertextuelle Rückgriff auf Bezugstexte, die frei transferiert und transformiert werden können, mag uns vielleicht einen Eindruck dessen vermitteln, was Barthes unter den »Schriftstellern ohne Literatur« (D, OC I, 171; vgl. NL, 71) verstand. Man könnte diesen neuen Typus wohl am besten als Bewegungs-Figur im literarischen Feld bezeichnen.

Mag sein, dass man *Am Nullpunkt des Schreibens* zwischen Marx und Sartre anordnen könnte: aber nur dann, wenn man das Barthes'sche Spiel mit diesen Masken, mit diesen Intertexten begreift und in seiner alle festen ideologischen Systeme unterlaufenden Funktion miteinbezieht. Es gibt nicht den »wahren Barthes«, der sich hinter den Masken von Sartre, Saussure oder Sollers versteckt hätte und einfach demaskiert werden könnte. Barthes trägt *lebendige* Masken, Lebensfiguren, die sich nur dadurch zeugen, dass sie sich immer wieder anders zeigen.

Nicht umsonst sprach Barthes mit Blick auf »die größten Werke der Moderne« vom Innehalten in einem »vestibulären Zustand, in dem die Dichte des Lebens gegeben und ausgebreitet ist, ohne bereits infolge der Krönung durch eine Ordnung der Zeichen zerstört worden zu sein« (D, OC I, 159; vgl. NL, 48). Die feste Ordnung erscheint hier als diejenige, die schon der Zerstörung überantwortet und preisgegeben ist. Roland Barthes suchte stets nach diesem Vestibül der Literatur, konnte er doch hier jene Dichte des Lebens erleben, die in einer rigiden, hierarchischen Ordnung der Dinge längst zur Leblosigkeit erstarrt wäre. Nur hier, in ihrem Schwellen- und Bewegungsraum, konnte Literatur für ihn die Welt sein: verdichtet, lebendig, nicht fixierbar, paradox.

Das pralle Leben und die Lehre des Mythologen

Die für Roland Barthes' gesamtes Schaffen charakteristische Kurzschreibweise, die in sehr verschiedenartigen Schreibformen zum Ausdruck kommen kann, geht auf Reflexionen zurück, die sich bereits zu Beginn eines im Sommer 1942 in der Sanatoriumszeitschrift *Existences* veröffentlichten Aufsatzes über das Tagebuch André Gides niederschlagen:

»Von der Furcht zurückgehalten, Gide in ein System einzuschließen, von dem ich wußte, daß es mich niemals zufriedenstellen könnte, suchte ich vergeblich nach einem Leitfaden für diese Notizen. Nach reiflicher Überlegung ziehe ich es vor, sie einfach als solche zu präsentieren und nicht zu versuchen, das Diskontinuierliche in ihnen zu maskieren. Die Inkohärenz, so scheint mir, ist einer Ordnung, welche deformiert, vorzuziehen.« (OC I, 23)

Es ist beeindruckend, wie früh und klar sich Roland Barthes dafür entschied, sich in seinem eigenen Schreiben auf der Ebene der Form zu engagieren und diese nicht einem Inhalt, einer Herstellung von Kontinuität und Kohärenz, *unter*zuordnen. Die archipelische Schreibweise, die bei unterschiedlichsten Gelegenheiten entstandene Mikrotexte zu ständig sich verändernden Relationen vernetzt, war – wie wir sahen – bereits in den 1940er Jahren in einer Landschaft der Theorie vor Augen geführt worden, in welcher sich die Insel-Welten wie die Inselwelten des griechischen Archipels zu offenen Strukturierungen *an*ordneten.

Diesen Unterschied zwischen hierarchischer Unterordnung und offener Anordnung spielte Barthes in immer wieder neuen Schreibexperimenten durch. Er schuf damit eine eigene, wiedererkennbare, oftmals nachgeahmte und bisweilen parodierte literarische Schreibweise, die sich scharf von den wissenschaftlich legitimierten Formen des akademischen Diskurses abhob. Barthes' Schreibweise »sorbonnisierte« nicht.

Ganz im Sinne von *Am Nullpunkt des Schreibens* markiert und signalisiert seine *écriture* eine Wahl, einen *choix*, der sich mit dem »Schwellenzustand« des bei den Editions du Seuil beheimateten Autors zwischen Wissenschaft und Literatur, aber auch zwischen akademischer Institutionalisierung und außerakademischer Publikationstätigkeit in Verbindung bringen lässt. In der später so genannten *écriture courte* kommt nicht Kurzatmigkeit, sondern Komplexität, nicht Relativierung, sondern Relationierung zum Ausdruck: Es ist eine Schreibweise, für die sich Barthes bewusst entschied, die ihm zugleich aber buchstäblich auf den Leib geschrieben ist und die ein Erkenntnisinstrument von größter epistemologischer Relevanz darstellt. Barthes bediente sich dieses Instruments ein ganzes Leben lang. Seine mikrotextuelle Ästhetik ist in ihrem Erkenntnisstreben dabei in einer Ethik fundiert, die noch den Sartre'schen Befreiungswillen durchspüren lässt. Sie setzt jeglichem Versuch, sie aufs Einfache zu reduzieren, die Widerständigkeit des Ästhetischen ebenso beharrlich wie lustvoll entgegen.

Mit der Veröffentlichung seines Bandes *Mythologies* im Jahre 1957 erfolgte der endgültige Durchbruch Roland Barthes' im intellektuellen Feld Frankreichs und weit darüber hinaus. Was sich in *Am Nullpunkt des Schreibens*, das sich spezifischen literarhistorischen und -ästhetischen Fragestellungen gewidmet hatte, bereits als weitgefasstes kulturelles Projekt mit ideologiekritischer Stoßrichtung abzeichnete, wurde mit diesem Band mit großer Selbstverständlichkeit auf den gesamten Bereich des kulturellen Lebens, vor allem aber auch auf das Gebiet der Alltags- und Massenkultur hin ausgeweitet.

Das pralle Leben, dem sich Barthes in diesen Texten widmete, wurde zum Gegenstand jener feinen Beobachtungsgabe, mit der sich der junge Student bereits 1938 mit raschen Pinselstrichen dem Alltagsleben der Bewohner am Fuße der Akropolis zugewandt hatte. Zu Marx und Sartre, Bachelard und Blanchot treten nun als theoretische Bezugspunkte die Vertreter eines Strukturalismus Saussure'scher Prägung hinzu, die Roland Barthes im zweiten, 1956 verfassten theoretischen Teil seiner *Mythologien* in die Position eines der einflussreichsten Repräsentanten des Strukturalismus weit über Frankreichs Grenzen hinaus bringen sollten. Für mehr als anderthalb Jahrzehnte galt Barthes nun in der Öffentlichkeit als »der Strukturalist«.

Den Ausgangspunkt der Barthes'schen *Mythologien* bilden immer wieder Aspekte einer Lebenswelt, deren Veränderungen er mit großer Treffsicherheit beschrieb. So stelle, wie er im Februar 1955 in einem Artikel für die *Lettres Nouvelles* festhielt, etwa das Aufkommen der Neon-Leuchtreklame einen wichtigen historisch-kulturellen Einschnitt dar, insoweit sie wirklich den urbanen Habitus der Menschen verändert und sie zu einer neuen »Sensibilität gegenüber der Nacht« – und damit dem Nachtleben – geführt habe (OC I, 460). Vergleichbares gelte für die »Geburt des illustrierten Magazins« sowie die damit zusammenhängende »massive Verbreitung seiner Förderung des Visuellen als Vehikel von Mythen – während die Massen jahrhundertelang nur die orale Form ihrer Träume kannten« (OC I, 460). Es sind diese das Leben und den Habitus der Menschen unmittelbar betreffenden und transformierenden Aspekte, die Roland Barthes nun – als würde er die strukturale Anthropologie der *Mythologiques* eines Claude Lévi-Strauss vom Amazonastiefland an die Flussbiegungen der Seine transferieren – zum faszinierenden Gegenstand des eigenen Schreibens macht.

Kein Wunder also, wenn er später in einer weltberühmt gewordenen Karikatur von Maurice Henry für *La Quinzaine littéraire* in die Gruppe der wichtigsten französischen Strukturalisten aufstieg.[17] In diesem *Déjeuner des structuralistes* – bei dem es offenkundig nichts zu essen gab – hatten sich neben Roland Barthes Claude Lévi-Strauss, Michel Foucault und Jacques Lacan, in aparte Baströckchen gekleidet, auf einer Urwaldlichtung versammelt, um sich in charakteristischen Gesten unter Mitgliedern vom Stamme der Strukturalisten zu unterhalten oder beharrlich anzuschweigen. Damit hatte es Barthes, der Jahre später in seiner 1975 erschienenen Autobiographie sehr hintergründig mit dieser Zeichnung umging (RB, OC III, 207; vgl. ÜMS, 159), immerhin in die Top Four des Strukturalismus geschafft.

Barthes' Schreiben variiert auch in den *Mythologien* eine *écriture*, die sich ganz selbstverständlich der Kurzform bedient und auf die Bedürfnisse eines Zeitschriftenpublikums zugeschnitten ist. Der Band versammelt in seinem ersten Teil insgesamt 54 kurze Artikel, die seit Beginn der 1950er Jahre erstmals separat in verschiedenen französischen Zeitschriften (insbesondere in Maurice Nadeaus *Lettres Nouvelles*, aber auch in illustrierten Pariser Massenzeitschriften) veröffentlicht wurden und damit außerhalb des universitären oder akademischen Bereichs an ein französisches Massenpublikum gerichtet waren. Erschien eine erste, freilich stark gekürzte deutsche Übersetzung auch bereits 1964, so erlaubt erst seit dem Jahr 2010 – folglich mehr als ein halbes Jahrhundert später – eine zuvor verschiedentlich geforderte neue Edition dem deutschsprachigen Lesepublikum ein vollständiges Bild jener faszinierenden Texte, die ebenso durch ihre soziologische Analyse wie ihre theoretische Intelligenz, nicht zuletzt aber durch ihre literarische Originalität beeindrucken.

Das Themenspektrum dieser kleinen »Mythologien« ist gewaltig und umfasst – wie Barthes augenzwinkernd hinzufügt – die »scheinbar am weitesten von jeglicher Literatur« entfernten Gegenstände (MY, OC I, 565; vgl. MA, 11). Es geht um Einstein'sche Wissenschaft und um Kinderspielzeug, um Striptease und um kleinbürgerliches Eheleben, um Kolonialismus und Komfort, um Massensport und elitäre Literatur, um Pietismus und um Propaganda, um Gesangskultur, Esskultur und Fahrkultur. So groß und auf den ersten Blick verwirrend diese Themenvielfalt auch erscheinen mag: Die raffiniert geschriebenen Texte setzen uns einem bisweilen abstoßenden, bisweilen kultivierten, in jedem Falle aber mythologisierten Alltagsleben aus, dessen lebendige Modellierung bis heute nichts von ihrer mitreißenden Vitalität verloren hat. Nach der Lektüre der *Mythologies* sieht das Leben anders aus, fühlt es sich anders an: Die LeserInnen werden selbst zu Mythologen, die ihre eigene, eben noch so selbstverständliche Lebenswelt erkunden und befragen. Nicht zuletzt deshalb ist Barthes' Band bis heute so lebendig.

Auffällig ist, wie sehr es die *Mythologies*, diese »Mythen des Alltags«, vermeiden, zwischen »hohen« und »niederen« Sujets zu unterscheiden – ohne damit freilich jegliche Differenzierung zwischen »hoher« Kultur und Massenkultur aufzugeben. Das Catchen wird mit dem Theater der Antike verglichen, die Radrennfahrer der *Tour de France* werden zu Heroen und Giganten, ein Citroën DS wird zur *Déesse* und damit zu einer Göttin, deren Innenleben mit viel Sensibilität in einem erotischen Erkundungsgang ertastet wird. Nichts bleibt dem Mythenkritiker fremd, nichts stößt ihn ab, nichts lässt ihn sprachlos. Die Sprachen unterschiedlichster wissenschaftlicher Disziplinen, aber auch unterschiedlichster literarischer Traditionen verbinden sich, um in gedrängter Form ein Wissen vom Leben mitzuteilen, das auf das Leben selbst rückwirken will. Die *Mythologien* stehen für ein Wissenschaftsprojekt, das nicht allein die Wissenschaft zu verändern sucht. Es ist ein ethisch ausgerichtetes Projekt, zielt auf ein gutes oder doch zumindest auf ein besseres Leben.

Immer wieder sind es die Körper, die nicht als Natur, sondern in ihrer Geschichtlichkeit wie in ihrer Gesichtlichkeit (*visagéité*[18]) vorgeführt werden. Sei es das Gesicht der Greta Garbo oder die inszenierte Körperwelt der *Folies-Bergère*: Gerade die scheinbare Naturhaftigkeit des Körpers macht diesen zur Projektionsfläche von Mythen, die sich seiner Geschichte bedienen, welche ihm ins Gesicht geschrieben ist.

Spätestens seit seiner Arbeit an der Biographie von *Michelet* ist für Barthes der Körper, der ihm seit seiner Tuberkuloseerkrankung und mehrfachen Rückfällen zum Problem geworden war, zu einem der bevorzugten Sujets und Reflexionsgegenstände geworden. Körperlichkeit (*corporéité*) und Massenkultur sind Themen, die von

Barthes thematisch wie epistemologisch ins Rampenlicht gerückt werden, lange bevor sie die *Cultural Studies* und die mit ihr verbundenen vielen *turns* zu Lieblingsgegenständen kulturtheoretischer Arbeit erklärten. Von Barthes' *Mythologien*, seinen »Mythen des Alltags« aus führen viele Spuren in die Zukunft – selbst noch in jene Zukunft, die für uns Heutige erst morgen beginnt.

Diese Zukunftsträchtigkeit ließ im Verbund mit den vielen Diskursen und Begrifflichkeiten, deren sie sich bedienen, die *Mythologies* zu einem Klassiker der Moderne – und nicht nur des Strukturalismus – werden. Es gibt vielleicht keinen besseren Zugang nicht nur zum Frankreich der 1950er Jahre, sondern zur abendländischen Moderne mit ihren unablässigen Modernisierungsprozessen insgesamt als diese Sammlung von Kurztexten, die sich als literarische Miniaturen bestens bewährt und nichts von ihrer Aktualität verloren haben.

Hingegen mag der (gleichwohl etwas ungerechte) Vorwurf gelten, der zweite, im engeren Sinne wissenschaftliche Teil sei mittlerweile doch unwiederbringlich in die Jahre gekommen. Wissenschaftsgeschichtlich ist er gewiss von größter Bedeutung, führte er doch einem breiten Publikum vor Augen, dass der Strukturalismus nicht nur Konzepte für die Sprachwissenschaft oder Anthropologie, sondern für ein tieferes Verständnis des eigenen Lebens bereithielt. Unter dem Titel »Der Mythos heute« prägte er nicht nur das Bild »des Strukturalisten« Roland Barthes für lange Jahre, sondern ließ das Bild einer an sich abstrakten Wissenschaft entstehen, bevor sich diese in den 1970er Jahren von einer Leitwissenschaft in eine herrschende Doxa verwandelte und rasch an Bedeutung verlor.

»Der Mythos heute« lässt den Versuch erkennen, die kleinen, vorgeschalteten Mythen mithilfe einer neuen wissenschaftlichen Sprache neu, auf andere Weise zu sprechen. So schafft dieser Text sich seine eigenen Prä-Texte, die ihm als Vorwand dafür dienen, sich mithilfe einer kohärenten Theorie alles einzuverleiben, was je in seine Reichweite kommen mag. Das Unternehmen war erfolgreich, ging gleichwohl aber nicht ohne Reduktionismen ab. Und doch besitzt trotz aller Widersprüche dieser zweite Teil den Charme, uns einen Mythendeuter und Mythenkritiker vorzuführen, der uns mit klugen Argumenten all jenes lehrt, was er zu wissen meint.

Denn war schon in *Am Nullpunkt des Schreibens* gerade auch in den gesellschafts- und ideologiekritischen Passagen die Stimme eines Wissenschaftlers zu hören, die man der ersten in Barthes' Antrittsvorlesung am Collège de France angesprochenen Phase – jener nämlich, in der man lehrt, was man weiß (L, OC III, 814; vgl. LL, 71) – zuordnen darf, so zeigt sich nun im zweiten Teil der *Mythologien*, dass hier ein Forscher spricht, der von seinem eigenen Wissen geradezu hin- und mitgerissen ist. Dabei ist ein erhobener ideologiekritischer Zeigefinger mitunter kaum zu übersehen, weist er vom Mythos doch gern auf den Logos. Was aber ist der Mythos?

Bereits auf den ersten Seiten von »Der Mythos heute« wird in einem wahren Anbranden von Definitionen der Mythos bestimmt als ein Sprechen (*langage*) (noch im Vorwort: MY, OC I, 565; vgl. MA, 11), als eine Rede (*parole*), als Kommunikationssystem, als Botschaft, als Art der Bedeutung (*signification*) und als sprachliche Form; zugleich wird die Geschichte in diesen Definitionen mitgedacht, da der Mythos ein »von der Geschichte gewähltes Sprechen« sei (MY, OC I, 684; vgl. MA, 252). Der Mythos könne andere Formen annehmen, häufig auch Illustrationen oder andere Bildungen und Abbildungen, die dann aber ebenfalls als Schrift, als Sprache gelesen werden könnten. Durchaus im Sinne de Saussures[19] zählt Barthes den Mythos als Gegenstand zum Forschungsbebiet der Semiologie, einer Wissenschaft, deren Bezeichnung sich auch 1976 in der Denomination seines Lehrstuhls für literarische Semiologie am Collège de France geradezu mit einem Augenzwinkern wiederfinden sollte.

Vor allem aber eignete sich Barthes auf schöpferische Weise Louis Hjelmslevs Unterscheidung zwischen Konnotation und Denotation an; er definierte so den Mythos als ein »*sekundäres semiologisches System*« (MY, OC I, 687; vgl. MA, 258), mithin als ein Zeichensystem zweiter Ordnung, das man sehr wohl mit Jurij M. Lotmans Definition von Kunst und Literatur als sekundären modellbildenden Systemen in Verbindung bringen könnte.[20] Dabei ist freilich für Barthes' Deutung der Funktionsweise des Mythos entscheidend, dass der Mythos – im Sinne der *Mythologien* – auf eine Umwandlung von Geschichte in Natur abzielt: Wo Geschichte ist, soll Natur werden. Die ideologiekritische Stoßrichtung dieser anhand einer Vielzahl von Beispielen erläuterten und erprobten These ist evident: Der Mythos versucht, die geschichtlichen, von Menschen gemachten Spuren an den Phänomenen zu tilgen, um sie als »natürlich«, als »gegeben« und damit zugleich als unveränderbar zu präsentieren wie zu repräsentieren. Dagegen setzt Barthes seinen eigenen kategorischen Imperativ: Wo Natur zu sein scheint, muss Kultur werden.

Denn eine derart auf Enthistorisierung angelegte Funktionsweise des (bürgerlichen) Mythos geht mit einer interessegeleiteten Entpolitisierung einher, die stets versuche, auf etwas »Faktisches« zu verweisen (MY, OC I, 698 f.; vgl. auch 707 ff.; vgl. MA, 279 f.; vgl. auch 294 ff.). Wirkungsweise und Zielpublikum des solchermaßen entpolitisierenden Mythos sind kleinbürgerlich, jener *petite bourgeoisie* zugehörig, die für Barthes schon längst zum Lieblingsfeind geworden war. Mit der ganzen Inbrunst des erkennbaren Besitzerstolzes auf das für ihn neue Instrument der Semiologie führt Barthes so das ideologie- und gesellschaftskritische Vorhaben, das sich bereits in *Am Nullpunkt des Schreibens* deutlich abgezeichnet hatte, mithilfe seines neuen zeichendeutenden Werk- und Spielzeugs strukturalistisch weiter. Mit anderen Worten: Die *Mythologien* signalisieren den Stolz auf die Fortsetzung der Ideologiekritik mit anderen, strukturalistischen Mitteln, die es dem Zeichenleser erlauben, nicht nur die Literatur, sondern jedwede kulturelle Produktion in ihrer verschleiernden, mythenbildenden Funktion sichtbar zu machen und damit zu entschleiern, zu demaskieren.

Rasch und gewiss auch wendig hat sich Barthes damit dem neuen und zunehmend dominanten strukturalistischen Wissenschaftsparadigma angeschlossen – freilich nicht, ohne ihm seinen ganz eigenen Stempel aufzudrücken. Zum einen tat er dies, um seine bisherigen Ziele kontinuierlich nun mithilfe anderer, von ihm vorgefundener Instrumentarien weiterzuverfolgen; zum anderen aber nutzte er den von ihm praktizierten Ideentransfer, um seine eigene Form des Strukturalismus zu erfinden und behende weiterzuentwickeln. Das neue, ihm stets kostbare Instrument des Strukturalismus (dem er niemals abschwören sollte) wird dabei systematisch auf die unterschiedlichsten Aspekte des gesellschaftlichen wie des individuellen Lebens angewandt.

Wenn der Mythos im Sinne von Barthes eine Art »zweiter Sprache« ist, die entwendet und von neuem in Umlauf gebracht werden kann, ohne auf ihr Gemachtsein verweisen zu müssen, dann zielt der Mythologe darauf ab, das historische Gewordensein dieser Sprache herauszuarbeiten, um die Veränderbarkeit dieses Geschichtsprodukts, das selbstverständlich keine vorgegebene »Natur« ist, in aller Deutlichkeit hervortreten zu lassen. Ist der Mythos aber laut Barthes in der Lage, jedes beliebige andere Sinnsystem zu stehlen (MY, OC I, 699-703; vgl. MA, 280-288), so ist es die Aufgabe des Mythenkritikers, die parasitäre Vorgehensweise des Mythos aufzudecken und damit in das »Leben« des Mythos selbst einzugreifen. Was aber lässt sich gegen die Ubiquität und Effizienz des Parasiten »Mythos« in einer kapitalistischen Waren- und Konsumgesellschaft unternehmen?

Die Antwort von Roland Barthes – und gewiss liegt hierin auch ihr Charme, ihre Attraktivität – ist auf den ersten Blick verblüffend einfach. Denn wenn es dem Mythos gelingt, die anderen Sprachen zu stehlen (und damit für die eigenen Zwecke dienstbar zu machen), dann kommt es entscheidend darauf an, umgekehrt die Sprache des Mythos zu stehlen, da eine simple Zerstörung desselben als nicht sehr aussichtsreich erscheinen kann. Die Logik des Mythenkritikers ist bestechend: Wenn der Mythos Sprachendiebstahl ist, so Barthes, »warum dann nicht den Mythos stehlen?« (MY, OC I, 702; vgl. MA, 286)

Wer sich der eben erst erkundeten Funktionsweise des Mythos selbst bedient, um seinen Gegenstand zu entmythisieren, setzt sich freilich – so ließe sich einwenden – der nicht ganz ungefährlichen Frage aus, wer und was dann die Legitimität besitzen soll, um den Mythenkritiker selbst zu kritisieren. Wer also nimmt sich jenes Mythos an, den der Mythenkritiker selbst herstellt und darstellt?

Dieses Problem einer »Mythologie des Mythologen« (MY, OC I, 565; vgl. MA, 12) ist zweifellos gravierender, als Barthes zunächst annehmen konnte. Denn es berührt auf fundamentale Weise die Rechtfertigung dessen, der nur lehrt, was er weiß, ohne doch zu wissen, was sein eigenes Wissen exkludiert. Hier also stoßen wir auf die Herausforderung, jene ungeheure Inklusionsleistung, die Roland Barthes mit der Anwendung seines strukturalistischen Modells erbrachte, auf eben jene Exklusionen hin zu befragen, die mit der Anwendung dieses Modells verbunden sind.[21] Denn Theorie hat anders als Ideologie dafür zu haften, auf welchen Exklusionen ihre Inklusionen aufruhen.

Barthes hatte diese Herausforderung durch einen vorrangig ideologisierenden Diskurs zu bannen versucht, mit dem er Kleinbürgertum und Bourgeoisie zu treffen suchte, die er als »*jene soziale Klasse*« brandmarkte, »*die nicht benannt werden will*« (MY,

OC I, 704; vgl. MA, 289). Damit war eine gesellschaftskritische Position markiert, die eben jenem Kleinbürgertum den Kampf ansagte, dem Barthes selbst entstammte und dessen Lebensformen und Lebensnormen er in seinen *Mythologien* mit so großer Klarsicht und Vertrautheit porträtierte.

Indem »Der Mythos heute« im zweiten Teil ein Sprechen *über* die Mythen-Texte des ersten Teiles inszeniert, nimmt er im gleichen Augenblick eine Position ein, die von einer Meta-Sprache aus *unter*ordnet und nicht nur *an*ordnet. So reklamiert die Theorie für sich einen fraglos *über*geordneten Standpunkt, von dem aus das Untergeordnete *ein*geordnet werden kann. Eine auf diese Weise hierarchisierende Inklusion aber beruht – die ständigen Ausfälle gegen das Kleinbürgertum machen es klar – auf einer Exklusion, die ihren Namen nicht sagen will, sondern verschleiert.

So aber eignet sich die Lehre des vom Strukturalismus faszinierten Mythologen jenes quirlige Leben an, das die kleinen Mythologien im ersten Teil so differenziert und vielschichtig entworfen hatten. Der theoretische Diskurs schlägt in den ideologischen um, die Polysemie der Literatur wird exkludiert und auf den eindeutigen Begriff gebracht. In dieser Weise leitet der Mythos des Kleinbürgertums ohne jede Selbstreflexivität über in den Mythos vom Kleinbürgertum.

Wenn Roland Barthes anhand der von ihm besprochenen Photographie des schwarzen Soldaten, der auf dem Titelbild von *Paris-Match* eine französische Flagge grüßt, sehr eindrucksvoll die Funktionsweise des (klein-)bürgerlichen Mythos vorführt, dann lässt sich mit guten Gründen behaupten, dass er mit derartigen Analysen zweifellos zu einer frühen Inspirationsquelle für die sich im Grunde erst nach Edward W. Saids *Orientalism* entwickelnden *Postcolonial Studies* wurde.[22] Zugleich aber lässt sich umgekehrt zu dieser postkolonialen Diskursanalyse einer kolonialistischen Bildersprache nicht übersehen, dass der marxisierende

Diskurs des Mythenkritikers selbst seine eigenen Mythen schuf. Hier haben wir es mit einem Grundproblem zu tun, mit dem sich etwa die *Postcolonial Studies* bis heute herumzuschlagen haben (oder hätten, wenn sie die Herausforderung denn annähmen). Man könnte bei Barthes durchaus von einer theoretischen Kolonialisierung des Kleinbürgertums Frankreichs sprechen, ist doch nach Barthes im Grunde nur die Bourgeoisie als Klasse in der Lage, eigene Werte und letztlich auch eigene Mythen zu produzieren. Die strukturellen Analogien zwischen Bourgeoisie und Mutterland könnten offener nicht zutage treten.

Auch wenn sich hier im zweiten Teil der *Mythologien* eine Aporie auftut, die sich in der Kluft zwischen Objekt- und Metasprache und vielleicht mehr noch in der ideologisierenden, eigene Mythen erzeugenden Sprache des Mythenkritikers manifestiert, so zeigt dieses Buch von 1957 doch zugleich auf, wo sich die Grenzen einer Lehre ausmachen lassen, die sich allein auf das beschränkt, was der Lehrende weiß oder zu wissen glaubt. Erst deutlich später wird Roland Barthes hieraus Konsequenzen ziehen, indem er in sein Lehren jenseits des Belehrens all jenes miteinbezieht, was durch die Exklusion der Inklusion so bereitwillig ausgeschlossen wurde. Es ist die Vieldeutigkeit, die offene viellogische Strukturierung, die die literarisch oftmals meisterhaften Kurztexte der »Mythen des Alltags« auszeichnet.

Von Beginn an lassen sich Roland Barthes' Texte als Lebens-Texte, seine Zeichen als LebensZeichen begreifen, die uns – wie in *Michelet* – ein individuelles oder – wie in den *Mythologies* – ein kollektives Leben mit beeindruckender Luzidität und Lebendigkeit in seiner fundamentalen Vieldeutigkeit vor Augen führen. Als Figuren, als Miniaturen des Lebens zielen diese Texte auf ein Lebenswissen ab, das Barthes diesseits wie jenseits des Strukturalismus erlebbar und nacherlebbar gestalten wollte.

Die reiche Poly-Logik des archipelischen Schreibens seiner kleinen Mythen zeigt im Kontrast zu »Der Mythos heute« in aller Deutlichkeit auf, wie hoch der Preis ist, der für eine auf Kohärenz bedachte Generaltheorie zu bezahlen ist. Denn in den Lehren des zweiten Teiles gehen jene Formen eines kollektiven wie individuellen Lebens verloren, deren Widersprüche, aber auch Widerstände sich allein im Lebenswissen der Literatur verdichtet finden. Insofern belegen die *Mythologien* keine Ästhetik des Widerstands, wohl aber die Widerständigkeit einer Ästhetik, die sich allen Unterordnungen unter eine exkludierende und alles erfassen wollende Theorie gesellschaftlichen Lebens dank ihrer eigenen Lebendigkeit – die unabschließbare Stiftung von Bedeutungsebenen ist – entzieht. Die damit sich verbindende Frage aber musste sich als Frage an die *écriture* erweisen. Es musste eine Form gefunden und erfunden werden, welche die Vorteile des ersten mit jenen des zweiten Teils der *Mythologies* zu verbinden in der Lage wäre. Diese Frage war weit mehr als eine »bloße« Herausforderung an die Schreibweise, bildete sie doch eine der Grundfragen schlechthin: Wie kann Vieldeutigkeit – und gerade auch die Vieldeutigkeit des Lebens – wissenschaftlich adäquat entwickelt und entfaltet werden?

Der Kritiker im intellektuellen Feld

Im weiteren Verlauf der 1950er und in der ersten Hälfte der 1960er Jahre arbeitete Barthes an neuen Formen wissenschaftlich-kritischen Schreibens, die wir in der von ihm entwickelten spezifischen Ausdrucksform des Essays als *literatur*wissenschaftlich – also zwischen Literatur und Wissenschaft oszillierend – bezeichnen können. Man könnte ihnen jene ebenso provokante wie programmatische Formulierung voranstellen, die Barthes im Ende

1963 verfassten Vorwort für seine *Kritischen Essays* gefunden hatte: »Der Kritiker ist ein Schriftsteller.« (EC, OC I, 1169) Seine Grundlage sei nicht das Geschriebene, sondern das erst noch zu Schreibende. Pointierter hätte die prospektive Dimension der eigenen skripturalen Tätigkeit kaum zum Ausdruck gebracht werden können. Denn Literatur war für die Wissenschaft des Roland Barthes nicht nur Gegenstand, nicht nur Sujet, sondern auch im Potenzial des schreibenden Subjekts allgegenwärtig.

An dieser Stelle soll es nicht um die für die *Kritischen Essays* so wichtige Frage nach den Bestimmungen der Moderne durch Roland Barthes gehen,[23] Definitionen, die sich vervielfachten, um gerade auf diese Weise nicht zu einer einzigen Definition führen zu müssen. Aus der hier gewählten Perspektivik ist vielmehr die Tatsache aufschlussreich, dass in die Gleichung, der zufolge der Kritiker ein Schriftsteller sei, gerade jene gleitende Differenz eingeschrieben ist, die für Barthes die prospektive Dimension eines künftigen Schreibens aufzeigt. Dies ist weit mehr als die Geburt des Schriftstellers aus dem Geiste der Kritik.

In den sich hier eröffnenden Zwischenraum zwischen *écrivain* (dem Schriftsteller) und *écrivant* (dem Schreibenden) schreiben sich die damaligen Aktivitäten Barthes' ein: Denn »all diese Texte sind polysem (so wie es der Autor in dieser Periode – 1954-1964 – war, als er sich zugleich in der literarischen Analyse, der Skizzierung einer semiologischen Wissenschaft und der Verteidigung der Kunsttheorie Brechts engagierte)« (EC, OC I, 1168). So wird der schöpferische Bewegungsraum zwischen Wissenschaft und Literatur auf den Autor selbst und damit auf ein Leben bezogen, das in das Zeichen einer vitalen Vieldeutigkeit gestellt wird.

Die Frage nach dem Leben und nach der Lebendigkeit durchzieht auch jene zahlreichen Texte, die Barthes dem Theater – das ihn schon seit den 1930er Jahren faszinierte – widmete. Das moderne, zeitgenössische Theater, so Barthes, lasse sich nur aus der

Erfahrung und dem Bewusstsein des Verlusts jener »komplexen Polyphonie« des auf Natur und Kosmos hin geöffneten antiken Theaters verstehen (OC I, 218). Der frühere Mitbegründer der Gruppe »Antikes Theater« an der Sorbonne betonte die von der Guckkastenbühne nicht mehr wiederherzustellende Lebendigkeit dieses Theaters mit der »sich verbergenden Sonne, dem einsetzenden Wind, den wegfliegenden Vögeln, den Geräuschen der Stadt, der frischen Brise«, welche im Gegensatz zum Theater der Moderne die lebendige Einzigartigkeit des dramatischen Ereignisses gewährleisteten (OC I, 218). Der Verlust dieser im griechischen Theater noch gegenwärtigen Einbindung ins Leben und in eine lebendige Natur bedeutete gleichwohl nicht, dass dem Verlust nicht zugleich eine der Moderne ganz eigene Lust zu entnehmen gewesen wäre – ein ästhetisch für das Theater der (europäischen) Moderne höchst aufschlussreicher Aspekt, den Barthes sehr wohl erkannte.

Immer wieder griff Barthes, der sich zu den Positionen der Zeitschrift *Théâtre populaire* (Volkstheater) bekannte, polemisch in die Debatten ein, wobei er die gesamte methodische Breite der sich formierenden *nouvelle critique* – von literatursoziologischen über themenkritische bis hin zu psychoanalytischen Ansätzen – zur Geltung brachte und geschickt zu repräsentieren begann. Das Theater wird zur Spielfläche einer Theorie, die sich weniger in ihrer Kohärenz und Einheit als in ihrer Vielfalt zu entfalten sucht.

Barthes' besondere, durch eine 1954 von ihm in Paris besuchte Aufführung des Berliner Ensembles ausgelöste Begeisterung für das Theater Bertolt Brechts hatte nicht nur mit ideologischen Affinitäten, sondern mit der Zeichenreflexion und der Körperlichkeit der Brecht'schen Theaterpraxis zu tun. Seine Polemik gegen jegliche Identifikation des Schauspielers mit seiner Rolle gründet sich ebenso auf Brechts Theaterkonzeption und insbesondere den sogenannten »Verfremdungseffekt« wie auf seine eigene Sichtweise der Literatur als Inszenierung einer Rollenmaske, die auf sich selbst als Abfolge verschiedener Maskierungen zeigt. Doch zugleich, so Barthes, weise die lebendige Körperlichkeit der Schauspieler unübersehbare Spuren der Geschichte auf, hätten doch die Auseinandersetzungen mit Molière oder Sade Eingang in die Körper unserer heutigen Schauspieler gefunden (OC I, 379). Noch in den kleinsten Muskelspannungen, noch in den am wenigsten reflektierten Bewegungsabläufen ist im menschlichen Körper Geschichte gegenwärtig: eine Geschichte, welche die lebendigen Geschichten, die uns der Körper erzählt, erst verständlich werden lässt.

Vor diesem Hintergrund wird nachvollziehbar, wie sehr Roland Barthes die Literatur gerade in ihren Inszenierungsformen in einem vitalen Zusammenhang von Leben und Tod verankern musste. So heißt es etwa in einem der *Kritischen Essays*, den erstmals 1959 veröffentlichten Überlegungen zu »Literatur und Metasprache«, die Literatur pflege »seit hundert Jahren ein gefährliches Spiel mit ihrem eigenen Tod, und zwar als eine Form, diesen zu leben« (EC, OC I, 1246). Die »Wahrheit unserer Literatur«, so Barthes abschließend, bestehe letztlich darin, dass »sie eine Maske ist, die mit dem Finger auf sich zeigt« (EC, OC I, 1246). Gerade in der Theatermetaphorik des Maskenspiels manifestiert sich die Beziehung der Literatur nicht nur zum Leben, sondern zu ihrem eigenen Leben, ja ihrem Eigen-Leben. Dieses Leben wird nicht in seiner Natur, sondern in seiner Kultur, in seiner komplexen Geschichtlichkeit, hautnah gesucht. Die Literatur entfaltet so ihr eigenes Wissen, das stets ein Wissen von den Grenzen ihres eigenen Lebens (wie auch ihres Lebenswissens) ist.

Die von Roland Barthes im obigen Zitat erwähnten semiologischen Aktivitäten sind so vielfältig und umfangreich, dass man ihnen leicht ein eigenes Kapitel widmen könnte, ja widmen müsste.²⁴ Für die Perspektivik des vorliegenden Bandes freilich ist von großer Relevanz, dass Barthes in seinem in die *Kritischen Versuche* aufgenommenen programmatischen Aufsatz über »Die strukturalistische Tätigkeit« (1963) diese Aktivität nicht allein als eine wissenschaftliche, sondern zugleich auch als eine künstlerische begreift. So zählt er in diesem Zusammenhang nicht nur Wissenschaftler wie Trubetzkoy, Dumézil oder Propp, sondern auch Künstler wie Mondrian, Boulez oder Butor auf. Die *activité structuraliste* ist für Barthes daher weit mehr als eine rein wissenschaftliche Methode: Sie ist ein mit dem Leben verbundenes Programm. In ihm konvergieren für ihn Wissenschaftsprojekt und Lebensprojekt.

Entsprechend klar ist Barthes' Verständnis des Strukturalismus von der Einsicht geprägt, dass es sich dabei um eine geschichtlich bedingte Technik und Verstehensweise handelt, die sich im weiteren Fortgang sicherlich verändern werde. Der »strukturale Mensch«, so Barthes, definiere sich nicht durch seine Ideen oder durch seine Sprachen, sondern durch seine Art, »die Struktur geistig zu leben«: *la façon dont il vit mentalement la structure* (EC, OC I, 1329). In diesem auf das Leben bezogenen Sinne könne der Strukturalismus, aber auch die von Barthes entwickelte Semiologie niemals auf die Größenverhältnisse einer wissenschaftlichen Methode reduziert werden.

Dass hiermit eine ethische Dimension verbunden wird, ist unübersehbar. Die Systeme von Mode, Kleidung oder Lebensmitteln, von Sprache, Photographie oder Musik sind aus dieser lebenswissenschaftlichen Perspektive lesbar und in gewissem Sinne neu erlebbar, ja mehr noch lebbar. Durch eine ganze Serie von Artikeln und Essays, vor allem aber durch sein ursprünglich 1958 vergeblich Claude Lévi-Strauss als Habilitationsprojekt (*thèse*) vorgeschlagenes²⁵ und 1967 in Buchform veröffentlichtes *System der Mode* wandte Barthes seine strukturalistische Aktivität auf jenes

Zeichensystem, das unseren Körper mithilfe eines recht begrenzten Reservoirs an Zeichen beziehungsweise Kleidungsstücken umhüllt – eine Problematik, die ihn bereits während seiner Arbeiten zum zeitgenössischen Theater intensiv beschäftigt hatte. Auch wenn er sich in seinem *System der Mode* ausschließlich auf die geschriebene Mode und nicht die »realen« Kleidungsstücke selbst bezog, ist doch deutlich, dass es ihm hierbei um die Analyse eines Systems von Bedeutungen ging, die ebenso lebbar wie erlebbar sind. Denn die Kleidung lebe stets »in enger Symbiose mit ihrem historischen Umfeld« (OC I, 749).

An die Stelle einer Ideologiekritik, wie wir sie in *Am Nullpunkt des Schreibens* oder in den *Mythologien* vorfanden, tritt in den 1960er Jahren eine immer stärker kulturtheoretische Ausrichtung, welche auf andere, neue Weise die konkreten Lebenskontexte in Augenschein nimmt. Man könnte hier mit guten Gründen von theoretischen Umbesetzungen sprechen, die letztlich der Logik von Kombinatoriken entsprechen.

Seit Anfang der 1960er Jahre griff Barthes – etwa im Vorwort von 1963 für seine *Kritischen Essays* – auf die Theoriemetapher des Schiffes Argo zurück, deren einzelne Teile auf dem Weg ständig ausgetauscht werden mussten, die gleichwohl als gesamtes Schiff aber Kurs hielt und die Identität ihres Namens bewahrte. 1961 schrieb Barthes in »Die Literatur heute«, dass Literatur und Mode dem Schiffe Argo glichen: »die Stücke, die Substanzen, die Materialien des Gegenstandes wechseln, so daß periodisch der Gegenstand neu ist, und doch bleibt der Name, d.h. das Wesen dieses Gegenstandes immer das gleiche; es handelt sich also mehr um Systeme als um Gegenstände« (EC, OC I, 1284; vgl. LG, 72). Gäbe es ein »System Barthes«, es würde dieser ständig erneuerten Kombinatorik entsprechen. Barthes versuchte stets, durch Umbesetzungen sein Schiff Argo seetauglich zu halten, um die verschiedenartigsten Bedeutungssysteme durchsegeln zu können. Das

Schiffchen Argo steht für ein Spiel von Identität und Differenz sowie – vielleicht mehr noch – von Transfer und Transformation in der Kontinuität.

Am Beispiel der Nahrung untersuchte der Semiologe in einem 1961 in der Zeitschrift *Annales* veröffentlichten Aufsatz mit dem Titel »Für eine Psycho-Soziologie der zeitgenössischen Nahrung« auch andere Phänomene des modernen Lebens, wobei er das Verhältnis von Essen und Nahrungsaufnahme in den Lebenskontext des Großstadtmenschen stellte und damit auf einen bestimmten Lebensrhythmus bezog: Aspekte, die in der deutschen Bezeichnung »Lebensmittel« im Übrigen recht anschaulich zum Ausdruck kommen. Barthes' Semiologie deckt so die ganze Breite kultureller Erscheinungen ab und entfaltet zugleich eine Kulturtheorie, die sich auf Phänomene der Massenkultur wie auf künstlerische Artefakte bezieht. Angesichts der thematischen Breite seiner Untersuchungen wie der beeindruckenden internationalen Resonanz seiner Arbeiten darf man mit Fug und Recht behaupten, dass Barthes mit seinen Studien die Semiologie nach Saussure neu begründete und zum Ausgangs- oder Referenzpunkt vieler weiterer Ansätze oder Untersuchungen machte.

In seinen in Buchform erstmals 1965 publizierten *Elementen der Semiologie* versuchte er, diese Wissenschaft von den Zeichen(systemen) programmatisch und anwendungsbezogen auf den Punkt zu bringen. In diesem Band laufen Barthes' Bemühungen zusammen, den wissenschaftlichen Anspruch, den er etwa im zweiten Teil seiner *Mythologien* entfaltet hatte, auch auf anderen Gebieten einzulösen und für die unterschiedlichsten Bereiche des Wissens fruchtbar zu machen. Oder wie Barthes es im Dezember 1964 – eine erste Zeitschriftenfassung der *Eléments de sémiologie* war bereits erschienen – in einem Beitrag für *Le Nouvel Observateur* formulierte: »Wenn ich mich auf der Straße – oder im Leben – bewege (*déplace*) und auf diese Objekte treffe, dann wende ich auf alle, möglicherweise ohne dies selbst zu bemerken, ein und dieselbe Aktivität an, die einer gewissen *Lektüre*.« (OC I, 1430).

Die Semiologie ist eine Wissenschaft, die auf eine Sensibilisierung für das Alltagsleben, aber auch auf dessen Transformation abzielt und dafür Wissenssegmente aus den unterschiedlichsten Disziplinen – von der Anthropologie über die Philosophie bis hin zur allgemeinen Zeichentheorie – in sich aufnimmt. Dass alle Sprachen der Wissenschaft sterblich und vergänglich sind, also eine begrenzte Lebenszeit oder Haltbarkeit besitzen (ES, OC I, 1519; vgl. ESD, 78), vergaß Barthes auch in diesem Band nicht zu betonen. Und doch ist es immer wieder verblüffend zu beobachten, wie geschickt er die unterschiedlichsten wissenschaftlichen Sprachen zu kombinieren verstand. So hielt er etwa in seinen narratologischen Entwürfen eines Aktantenmodells, das auf die zum damaligen Zeitpunkt dringlich erscheinende Erstellung einer Erzähltextgrammatik abzielte, unter Rückgriff auf diskursanalytische wie philosophische, psychoanalytische wie historiographische Erkenntnisse fest: »ohne die phylogenetische Hypothese allzu sehr forcieren zu wollen, kann es doch bedeutsam sein, daß zum selben Zeitpunkt (im Alter von drei Jahren etwa) das Junge des Menschen gleichzeitig den Satz, die Erzählung und den Ödipus ›erfindet‹.« (OC II, 103) Pointierter hätten wesentliche Forschungslinien der *nouvelle critique* wohl kaum zusammengedacht und aufeinander bezogen werden können.

Gleichviel, ob es um die Rhetorik des Bildes oder das Bild der antiken Rhetorik ging: Die thematische wie theoretische Spannbreite der Arbeiten Roland Barthes' während der 1960er Jahre erstaunt und beeindruckt noch heute. Dabei gab er jeder Themenstellung seine eigene innovative Wendung. Durch die Vielzahl an Publikationen im wissenschaftlichen wie im journalistischen Bereich, aber auch durch die große Diversität von Ansätzen, die ihn zum idealen Vertreter der *nouvelle critique* werden ließen, war Roland Barthes im Verlauf der 1950er wie zu Beginn der 1960er Jahre zunehmend zur Zielscheibe von Angriffen geworden, die von Seiten einer konservativen, positivistisch verankerten und universitär institutionalisierten Wissenschaft – die Barthes schon bald als *ancienne critique* mit einem vorrevolutionären *Ancien Régime* zu assoziieren begann – gegen alles geführt wurde, was die Legitimität traditioneller Texterklärung (*explication de texte*) in Frage zu stellen wagte. Barthes, schon zuvor in zahlreichen Scharmützeln erprobt, hatte viel aus den Kämpfen im intellektuellen Feld gelernt und verstand es, die Medien für seine Anliegen zu nutzen. Als die Affäre um seinen 1963 erschienenen Band *Über Racine* begann, konnte er auf einen reichen Schatz an Erfahrungen im Umgang mit der Öffentlichkeit zurückgreifen. Und Roland Barthes, längst einer der prominentesten Verfechter des *nouveau roman*, nahm den Kampf zwischen alter und neuer Kritik dankbar und kampfeslustig an.

Über Racine löste Polemiken aus, welche die Situation des intellektuellen Feldes in den Jahren vor Mai '68 wesentlich veränderten und bereits entscheidende Bruchlinien zu erkennen gaben. Schon in seinen *Mythologien* hatte sich Barthes im Titel einer seiner kleinen Mythologien über die Tautologien lustig gemacht, mit denen man in Frankreich dem unbestrittenen Klassiker des 17. Jahrhunderts huldigte: »Racine ist Racine« (MY, OC I, 622; vgl. MA, 126). Seit dem Ausgang der 1950er Jahre war der kanonisierte und unangreifbar scheinende »Klassiker« des französischen Theaters Jean Racine zum Gegenstand erbitterter Auseinandersetzungen geworden, bei denen Barthes mit kleinen gezielten Artikeln wiederholt Öl ins Feuer gegossen hatte. Seine Angriffe zielten direkt auf den *mythe racinien* (OC I, 814). Mit der Veröffentlichung nun auch noch eines Racine gewidmeten Bandes aber platzte der etablierten Racine-Wissenschaft der Kragen. Vordergründig stritt man um die Interpretation Racines; tatsächlich aber ging es um die Macht nicht allein im akademischen Teilfeld, sondern im intellektuellen Feld Frankreichs überhaupt.

Barthes wollte aber keinen Angriff auf Racine unternehmen, sondern auf den Racine-Mythos in seiner Identitätsmuster nationalkultureller Art ausbildenden Weise. Die literatursoziologischen Studien von Lucien Goldmann oder die psychokritischen Arbeiten von Charles Mauron hatten die kanonisierte Sichtweise Racines erschüttert. Barthes nutzte die Chance, die sich ihm bot, sich an die Spitze der Bewegung zu setzen; und so war es sein eher schmales, aus drei zuvor bereits publizierten Aufsätzen bestehendes und wie stets bei den Editions du Seuil veröffentlichtes Bändchen, an dem sich die Polemiken schließlich entzündeten. Die strukturalistische Analyse des Raums in Racines Tragödien, die psychoanalytisch ausgerichtete Deutung der Racine'schen Grausamkeit als »Theater der Gewalt« (R, OC I, 1006) und die Attacke auf unhinterfragte Gemeinplätze der Racine-Forschung zogen alle Blicke und alle Blitze auf sich. Der Ort der Auseinandersetzung war gut gewählt.

Zweifellos darf man für Barthes in Anspruch nehmen, dass es ihm gemeinsam mit Goldmann, Mauron und anderen gelang, dem längst erstarrten Racine-Kult mit neuen Argumenten ein neues, freilich grundlegend verändertes Leben einzuhauchen. Doch darum ging es in dem losbrechenden Gewitter ebenso wenig wie um die Tatsache, dass Barthes nicht nur die vorgefundenen Sprachen »neuer« strukturalistisch-psychoanalytischer Theorien auf »alte« Gegenstände angewandt hatte, sondern auch selbst eine neue kritische Sprache erfinden wollte.

Über Racine ist zweifellos noch derjenigen der drei Phasen des Schaffens von Barthes zuzurechnen, in der man lehrt, was man weiß. Barthes hatte sich die neuen Ansätze angeeignet und tat nun, was man im Allgemeinen von einem Wissenschaftler zu erwarten pflegt: sein auf dem Forschungsstand befindliches Wissen eigenständig anzuwenden. Doch war die provokative Geste unübersehbar, mit welcher Barthes das, was er wusste, in ein Lehren und Belehren übersetzte, das die etablierten Racine-Forscher entsetzte und entsetzen sollte. Denn Barthes griff namentlich Raymond Picard und Jean Pommier an, denen er als renommierten Spezialisten bescheinigte, ihr eigenes wissenschaftliches Tun nicht mehr zu reflektieren und zu einer »lebenden Maske einer Reihe von Obsessionen« erstarrt zu sein (R, OC I, 1102).

Eine wahre Flut von Stellungnahmen pro und contra war die Folge. Eine *Querelle* entstand, die in Zeitungen wie in Zeitschriften, in wissenschaftlichen Fachorganen wie in illustrierten Periodika, aber gewiss auch in Hörsälen und Vortragsräumen ausgefochten wurde. Einer der Angegriffenen, Raymond Picard, schlug nicht nur in einzelnen Artikeln zurück, sondern wählte mit seinem 1965 erschienenen Band *Nouvelle critique ou nouvelle imposture* wie Barthes die öffentlichkeitswirksamere Buchform.[26] Barthes nutzte die sich ihm bietende Chance, in unterschiedlichsten Texten ganz offen repräsentativ zu antworten – wie etwa in einem Interview, das im Oktober 1965 in *Le Figaro littéraire* erschien und den Titel »Im Namen der neuen Kritik« (OC I, 1563; vgl. KS, 45-49) trug. Wie hart die hier ausgeteilten Schläge waren, soll an dieser Stelle weniger interessieren als die Tatsache, dass Barthes abschließend das Feld von Wissenschaft und Kritik als eine *lebendige*, offene und soziale Spielfläche verstand:

»Die Gesellschaft erfindet unablässig eine neue Sprache und erfindet zugleich eine neue Kritik. Jene, die augenblicklich existiert, ist dazu bestimmt, eines Tages zu sterben, und dies geht völlig in Ordnung. Aber diese *Querelle* erinnert mich an eine Komödie des Aristophanes. Sokrates schwebt in den Wolken, während Aristophanes sich über ihn lustig macht. Müßte ich wählen, so würde ich noch immer die Rolle des Sokrates bevorzugen.« (OC I, 1565; vgl. KS, 49)

Anders als der weltweise Sokrates griff Barthes aber immer wieder in ein Geschehen ein, das für ihn – ungeachtet aller Verletzungen – letztlich zur Komödie wurde, weil es ihm (wie noch zu zeigen sein wird) ein glückliches Ende bescherte.

Zugleich hatte sich Barthes' berufliche Situation entscheidend verbessert. Aufgrund seiner gesundheitlichen Probleme und wiederholten Aufenthalte in Sanatorien war ihm – anders als Raymond Picard – die Aufnahme in die École Normale Supérieure und damit der Königsweg einer Karriere in Frankreich versperrt geblieben. Seine beruflichen Anfänge in der Nachkriegszeit waren daher beschwerlich und lange Zeit höchst prekär. Aufenthalte als Hilfsbibliothekar am Institut français von Bukarest (1948-1949) sowie eine Tätigkeit als Lektor in Alexandria (1949-1950) stellten Möglichkeiten des Gelderwerbs, aber keinen wirklichen Einstieg in eine berufliche Laufbahn im Bereich der Wissenschaft dar.[27] Auch die Tätigkeiten zu Beginn der 1950er Jahre in der Kulturabteilung des Außenministeriums sowie ein zweijähriges (und nicht verlängertes) Arbeitsstipendium am Centre National de la Recherche Scientifique im Bereich der Lexikologie (1952-1954), also zum Zeitpunkt der Veröffentlichung von *Am Nullpunkt des Schreibens* und *Michelet*, konnten nicht mehr sein als eine vorübergehende Absicherung seiner finanziell stets schwierigen Lage. Barthes' Mutter sorgte für das regelmäßige Einkommen der kleinen Familie, zu der Rolands jüngerer Stiefbruder Michel Salcédo gehörte.

Erst ab 1955 konnte Barthes im Bereich der Soziologie am CNRS einer gesicherten Forschungstätigkeit nachgehen, bevor er dann 1960 in die sechste Sektion der École pratique des hautes études überwechselte, wo er zunächst als *Chef de travaux* (Bereich Wirtschafts- und Sozialwissenschaften), ab 1962 dann als *Directeur d'études* (im Bereich Soziologie der Zeichen, Symbole und Darstellungen) angestellt war. Barthes war es damit gelungen, eine marginale Position innerhalb des intellektuellen Felds in eine Position innerhalb einer gegenüber der Sorbonne oder den Elitehochschulen zwar wiederum marginalen, aber gleichwohl impulsgebenden Institution[28] zu verwandeln.

Um die Schärfe der auch später noch anhaltenden Auseinandersetzungen zwischen Picard und Barthes zu verstehen, ist eine Kenntnis der so unterschiedlichen Positionen innerhalb des intellektuellen Felds Frankreichs (einschließlich seines akademischen Teilfelds) unverzichtbar. Denn diese *Querelle des Anciens et des Modernes* zwischen »Traditionalisten« und »Modernisten« wirft ein bezeichnendes Licht auf jene Verhältnisse, die den Ereignissen vom Mai '68 vorausgingen. Ohne eine genauere Kenntnis von Barthes' beruflichem Leben aber ließe sich sein Handeln zu Beginn der 1960er Jahre nicht adäquat verstehen. Der Zeichentheoretiker hatte den Zeitpunkt für den Versuch gut gewählt, an den festgefügten Hierarchien im akademischen Teilfeld zu rütteln, verfügte er doch 1963 erstmals über eine gesicherte berufliche Stellung, von der aus er in der Tat in Stellung gehen und Zeichen setzen konnte.

Mit seinem Buch *Kritik und Wahrheit* zog Roland Barthes 1966 gekonnt und öffentlichkeitswirksam einen zumindest vorläufigen Schlussstrich unter die Debatte. Die Behauptung dürfte wohl kaum übertrieben sein, dass Barthes nicht nur längst als *der* Vertreter der *nouvelle critique* galt, sondern mit diesem Band, der erstmals bei Seuil in der Reihe *Tel Quel* erschien, die Rolle des Trendsetters im Frankreich der 1960er und 1970er Jahre übernahm. Er sollte diese Rolle im Grunde bis zum Ende seines Lebens behalten. Wie gelang es dem französischen Wissenschaftler, sich in diese Stellung zu bringen?

Gleich zu Beginn seines symmetrisch in zwei Teile gegliederten Bandes ließ Barthes keinen Zweifel daran aufkommen, dass er als Vertreter »neuer diskursiver Formen« (CV, OC II, 17; vgl. KW, 19) und damit der gesamten Breite der *nouvelle critique* spreche. Er scheute sich nicht, die Positionen der von ihm als mächtig, ja übermächtig dargestellten Feinde mit jenen Immoralismus-Prozessen zu identifizieren, mit denen das französische Zweite Kaiserreich der Literatur von Victor Hugo und Honoré de Balzac bis Gustave Flaubert und Émile Zola den Kampf angesagt und den juristischen Prozess gemacht hatte (CV, OC II, 18; vgl. KW, 21).[29] Vor dem Hintergrund der seit Jahren zunehmenden Angriffe auf seine ihm sehr eigene Sprache, die sich von der akademischen Normsprache schon lange verabschiedet hatte, begründete Barthes seine Auffassung der Kritik, deren Aufgabe darin bestehe, eine »erste Schreibweise des Werkes« in eine »zweite Schreibweise des Kritikers« zu verwandeln (CV, OC II, 19; vgl. KW, 23). Der Kritiker erweist sich damit in sehr spezifischer Weise als ein Schriftsteller.

Der Begriff der Kritik, der in der *Querelle* eine so ungeheuer polemische Qualität erhalten hatte, wurde zum Dreh- und Angelpunkt einer geschickten, nicht bloß taktischen, sondern strategischen Argumentation, in der sich Barthes einmal mehr als wendiger Stratege im Literaturkampf erwies. Was den Körper angehe, so höhnte Barthes, kenne die »alte Kritik« nur zwei anatomische Regionen: eine »höherstehend-externe« (von Kopf und Kreation) und eine »niedrig-interne« (von Geschlecht und Instinkt) (CV, OC II, 25; vgl. KW, 36). Und einer Banalisierung oder Verteufelung psychoanalytischer Kenntnisse stellte Barthes ganz bewusst die Psychoanalyse eines Jacques Lacan entgegen, mit dessen Ansätzen er sich intensiver zu beschäftigen begonnen hatte.

Barthes zögerte nicht, der *ancienne critique* – wie einst dem *Ancien Régime* – gerade im Bereich der Sprache ein inquisitorisches Vorgehen zu bescheinigen, und hob pathetisch hervor: »Ich verteidige hier das Recht auf Sprache, nicht auf meinen eigenen ›Jargon‹.« Und er setzte hinzu: »Wie könnte ich denn meine Sprache wie ein einfaches Attribut meiner Person leben (*vivre*)?«

(CV, OC II, 29; vgl. KW, 45) Die Antwort auf diese Frage war eindeutig: Die Kritik dürfe sich nicht von der Literatur abtrennen oder ausschließen. Die Kritik, so darf man schließen, war für Roland Barthes längst zu einer *Lebensform* – wenn auch gewiss nicht Lebensnorm – erlebter wie *gelebter* Literatur geworden.

Der Kritiker als Schriftsteller

Es gab Mitte der 1960er Jahre wohl niemanden, der die große Heterogenität an Ansätzen und Perspektiven im literatur- und kulturwissenschaftlichen Bereich so überzeugend repräsentieren konnte wie Roland Barthes. Zugleich stand er für Ausdrucksformen ein, die im Bereich der *écriture* sein Engagement für innovative Schreibweisen unterstrichen und traditionelle akademische Schreibweisen aus der Selbstverständlichkeit ihres institutionalisierten »Jargons« heraushielten. National wie international – und die zahlreichen Einladungen nach Italien oder in die USA, nach Japan oder nach Marokko mögen dies bezeugen – hatte sich Roland Barthes als führender französischer Intellektueller durchgesetzt. Sein Wort war gewiss nicht unumstritten, aber es zählte.

Der Kritiker im Feld war folglich höchst erfolgreich; und eben dies eröffnete dem Kritiker als Schriftsteller – dank der Erfindung einer neuen, eigenen Sprache – ein weitaus größeres Feld. Barthes' Vorgehensweise mag feldsoziologisch nachvollziehbar sein: Auf feldinterne Strategien reduzierbar ist sie sicherlich nicht. Der zweite Teil von *Kritik und Wahrheit* machte klar, dass der Verfasser von *Am Nullpunkt des Schreibens* unbeirrbar gewillt war, sein kulturelles, theoretisches und literarisches Projekt beherzt weiter voranzutreiben.

Ausgehend von Positionen, für die die Namen von Jacques Lacan und Claude Lévi-Strauss, von Algirdas Greimas, Umberto Eco und Philippe Sollers stehen, entfaltet Roland Barthes auf programmatische Weise ein Konzept, das sich darum bemüht, die künftigen Entwicklungen eines neuen Verhältnisses zur und Verständnisses von Literatur zu entwerfen. Während der erste Teil von *Kritik und Wahrheit* noch der Phase entspricht, in der man lehrt, was man weiß, zeichnet sich im zweiten Teil eine Haltung ab, in der man lehrt, was man nicht (oder noch nicht) weiß. Der zweite Teil ist folglich prospektiv gemeint und lässt die alte Polemik gegen eine positivistisch ausgerichtete Literaturwissenschaft unübersehbar hinter sich. Bataille, Sade und Nietzsche, immer wieder Nietzsche, werden künftig zu den bevorzugten Partnern im literarischen wie im theoretischen Spiel von Roland Barthes.

Bereits die ersten Sätze des zweiten Teils lassen eine diskursive Anlage erkennen, die deutlich dem französischen *avant-mai* zugehört: »Nichts ist für eine Gesellschaft von größerer Wichtigkeit als die *Klassifikation* ihrer Sprachen. Diese Klassifikation zu verändern, das Sprechen zu verschieben (*déplacer la parole*) heißt, eine Revolution durchzuführen.« (CV, OC II, 35; vgl. KW, 57) Erneut werden hier Verstellung und Verschiebung zu Verfahren, die Barthes nun freilich mit einem revolutionären Gestus versieht. Der Kritiker wird als Schriftsteller affirmiert, Kritik als »Akt einer *écriture* im vollen Sinne« verstanden (CV, OC II, 36; vgl. KW, 58). Ein neues Epochenbewusstsein kündigt sich an, das Barthes bereits ein erstes Mal in einem Artikel für die Zeitschrift *Tel Quel* 1963 skizzierte (EC, OC I, 1375; vgl. LG, 62) und das sich sehr wohl mit jenen kurze Zeit später erschienenen Schlussworten in Michel Foucaults *Die Ordnung der Dinge* verbinden lässt, in denen vom Verschwinden des Menschen – »wie am Meeresufer ein Gesicht im Sand«[30] – die Rede ist. Auch wenn sich Barthes im zweiten Teil von *Kritik und Wahrheit* im Wesentlichen auf die Literatur zu konzentrieren scheint: Es geht hier um den Menschen, es geht hier um ein Leben, das – wie sich aus heutiger Sicht formulieren ließe – aus dem Blickwinkel des Lebenswissens der Literatur neu beleuchtet werden soll.

Die Aufwertung der fundamentalen Rolle des Lesers, die Barthes in »Der Tod des Autors« im Folgejahr 1967 erheblich radikalisierte, ist im zweiten Teil des Bandes bereits angelegt. Denn ist es nicht entscheidend, die Pluralität des Sinns herauszutreiben? Gut zu lesen heiße daher »virtuell gut zu schreiben« (CV, OC II, 39; vgl. KW, 64): So wird die Verklammerung von Lese- und Schreibprozessen intensiv vorangetrieben, die Ausrichtung an einer Produktionsästhetik gelockert. Die neue Unterscheidung zwischen »Wissenschaft von der Literatur« (*science de la littérature*), »Kritik« und »Lektüre« lässt diese Umverteilung weg von einer traditionellen Literaturwissenschaft erkennen. Allein die Lektüre »liebt das Werk und unterhält zu ihm eine Beziehung des Begehrens« (CV, OC II, 51; vgl. KW, 91). Die Kritik erscheint in ihrer Zentralstellung zugleich als ein transitorischer Augenblick, der zu einer neuen Einheit überleite, die – so der letzte Satz des Bandes – in der »Wahrheit des Schreibens« (CV II, 51) gipfele. Was aber ist mit der Wahrheit des Schreibens gemeint?

Vielleicht gibt es keinen schöneren Text, der in den 1960er Jahren diese *vérité de l'écriture* aus der Fülle des Wissens ästhetisch vollkommener entfaltet hätte als jener Ikonotext von 1964, den Barthes unter dem Titel *La Tour Eiffel* seiner Stadt der Städte, seinem Paris widmete. Es ist der Blick des vom Leben in seiner gesamten Breite und in seiner ganzen Zeichendichte faszinierten Mythenforschers und Zeichentheoretikers, der uns fast beiläufig als Leser von Paris und als Schriftsteller entgegentritt. *La Tour Eiffel* ist ein kleines literarisches Prosajuwel.

In diesem auf raffinierte Weise konzisen, mit Photographien zur Entstehung des Eiffelturms verwobenen Text tritt uns das Paris jenes Goldenen Zeitalters der französischen Theorie entgegen, in dem die Stadt an der Seine sich noch – bis etwa 1980, dem Todesjahr von Jean-Paul Sartre und Roland Barthes – als das weltweit ausstrahlende Zentrum der Theoriebildung verstehen durfte. 1964 war die französische Kapitale »natürlich« noch immer der Ort, der die Benjamin'sche Formel von Paris als der Hauptstadt des 19. Jahrhunderts über weite Strecken des 20. Jahrhunderts verlängerte und den Taktschlag eines pulsierenden intellektuellen und künstlerischen Lebens vorgab. Waren Paris und seine Modellierungen des Denkens nicht die *exception culturelle* schlechthin, vorbildhaft für eine intellektuelle Landschaft, in der es weltweit keinen anderen Mittelpunkt geben konnte? Mitten in diesem Zentrum war Barthes längst zu einer der wichtigsten Stimmen dieses dynamischen Denkens, dieses pulsierenden Lebens geworden und sandte vielfältige LebensZeichen aus: auch die Zeichen eines Kritikers als Schriftsteller.

Mit einem augenzwinkernden Hinweis auf Victor Hugos *Notre-Dame de Paris* und das Kapitel »Paris aus der Vogelschau« ließ dieser Kritiker in *La Tour Eiffel*[31] seinen semiologisch geschulten Blick über eine Stadtlandschaft schweifen, die sich – die Bilder des Zweiten Weltkriegs und der deutschen Besetzung abschüttelnd – ihrer großen Traditionen bewusst, lustvoll der Konstruktion des Künftigen zuwandte. Hier gibt sich ein Bild zu lesen, in dem sich nicht nur das Vorgefundene, sondern auch das Erfundene und Imaginierte mit dem Gelebten und noch zu Erlebenden auf kreative Weise verbinden und eine Landschaft der Theorie entstehen lassen, innerhalb deren sich die Blickachsen vom Eiffelturm in der ihm zu Füßen liegenden Stadt als verschiedene *Lebensachsen* zu erkennen geben. Beim Lesen der Zeichen entstehen LebensZeichen:

»Sind diese Punkte von Geschichte und Raum erst einmal vom Blick, oben herab vom Eiffelturm, festgelegt, dann füllt die Einbildungskraft das Pariser Panorama weiter aus und gibt ihm seine Struktur; was dann aber hinzukommt, sind die menschlichen Funktionen; wie der Dämon Asmodis erlebt der Besucher des Turmes, wenn er sich über Paris erhebt, die Illusion, den enormen Deckel anzuheben, der das Privatleben von Millionen von Menschen bedeckt; dann wird die Stadt zu einer Intimität, deren Funktionen, also deren Verbindungen er dechiffriert; auf der großen polaren Achse, die quer zur horizontalen Kurve des Flusses verläuft, gibt es wie an einem ausgestreckten Körper drei übereinander liegende Zonen, drei Funktionen des menschlichen Lebens: oben, am Fuße von Montmartre, die Lust; in der Mitte, rund um die Oper, die Materialität, die Geschäfte, der Handel; nach unten hin, am Fuße des Pantheon, das Wissen, das Studium; dann rechts und links davon, diese Lebensachse (*axe vital*) wie zwei Schutzhüllen umgebend, zwei große Zonen des Wohnens, die eine gehobener, die andere volkstümlicher; noch weiter entfernt zwei bewaldete Streifen, Boulogne und Vincennes. Man glaubte zu bemerken, daß sich die Städte, einer Art uraltem Gesetze folgend, nach Westen, zum Sonnenuntergang hin, entwickeln; dieser Seite strebt der Reichtum der schönen Viertel zu, wodurch der Osten der Ort der Armut bleibt; der Turm scheint durch seine Einpflanzung diskret dieser Bewegung zu folgen; es scheint, als begleitete er Paris bei dieser Westverlagerung, der unsere Hauptstadt nicht entgeht, ja als rufe er die Stadt sogar zu ihrem Entwicklungspol in den Süden und in den Westen, dorthin, wo die Sonne am wärmsten ist, wodurch er an dieser großen mythischen Funktion teilhat, die aus jeder Stadt ein lebendiges Wesen macht: ein wenig gegenüber den Lebenszonen (*zones vitales*) zurückgesetzt, ist der Turm, der weder Hirn noch Organ ist, allein der Zeuge, der Blick, der mit seinem feinen Signal diskret die gesamte geographische, historische und soziale Struktur des Pariser Raumes fixiert.« (TE, OC I, 1389; vgl. ET, 47)[32]

Im Blick von oben, in der Vision des Semiologen, wird die Stadtlandschaft wie eine Landschaft des Lebens dechiffrierbar und wie ein Text des Lebens lesbar: Wie auf den ausgestreckten Handflächen ihrer Bewohner zeichnen sich die Lebenslinien von Paris weithin erkennbar ab. Die Rekurrenz des kleinen, leicht überhörbaren und oft überlesenen Lexems *vie* beziehungsweise *vital* (Leben, lebendig) legt den Akzent entschlossen – wie so oft bei

Roland Barthes – auf die Dimension und die Dynamik des Lebens, das in drei zentralen *LebensAchsen* innerhalb des Stadtraumes der französischen Hauptstadt kenntlich gemacht wird. Die Semiologie des Kritikers inszeniert sich hier als eine Lebenswissenschaft.

Am hingestreckten Stadtkörper von Paris setzt der Strukturalist *la ville* und *la vie* in ein intensives Wechselverhältnis, das die LebensAchsen des *plaisir* (Lust), des *commerce* (Handel) und des *savoir* (Wissen) hervortreten lässt und zugleich in ihrer großen Entfernung voneinander vor Augen führt. Vom Blickpunkt des hohen und zugleich hohlen Turmes aus – der Schriftsteller vergisst nicht darauf hinzuweisen, dass das Gewicht des Eiffelturms pro Kubikzentimeter, seinen Rauminhalt mitberechnet, dem einer Schreibmaschinenseite entspricht (TE, OC I, 1398; vgl. ET, 82) – befindet sich die Lebensachse des Wissens weder im Zentrum noch in einem höher gelegenen Teil der Stadt. Würde man den Eiffelturm auf die Größe eines Bogens Papier reduzieren, so wäre sein Gewicht mit dem des Blattes identisch: Dem Bau des Turms, in den beigefügten Photographien festgehalten, entspricht die Konstruktion des Textes. Das Leben des Turms und das Leben des Textes entsprechen einander. Zeichensystem des Turms und Zeichensystem der Literatur nähern sich einander nicht weniger an.

Die Lebensachsen der Stadt und die Lebenslinien des Textes sind auf intime Weise miteinander verbunden. Wird hier nicht geradezu körperlich, ja mehr noch leibhaftig jene Spannung spürbar, die auf eine Verringerung der Distanz drängt, welche die »eigentliche« Achse des Zeichentheoretikers, jene zwischen Panthéon und Sorbonne, von jener Montmartres trennt? Deutet sich hier nicht zugleich auch die Entschlossenheit an, die Achse des Wissens zumindest mit der Achse der Lust in Verbindung zu bringen und damit der allgemeinen Bewegung der Stadt hin nach Westen, hin zur Materialität des Geldes, etwas entgegensetzen zu können? Die dechiffrierende Tätigkeit des Betrachters entfaltet vor den Augen seines Lesepublikums eine Stadt in Bewegung, die in ihren Bewegungen der Sonne und damit jener Leben spendenden Kraft folgt, die eine Stadt und ihr pralles Leben erhellt und erhält. *La Tour Eiffel* schafft geradezu demiurgisch eine eigene Welt, jene Welt, die Roland Barthes faszinierte: das Paris der Nachkriegszeit, mit strukturalistischer Trennschärfe, mit literarischer Finesse; eine Liebeserklärung an die Stadt und an das Leben, *à vol d'oiseau* von einem hochtalentierten Schriftsteller verfasst.

Auf diese Weise wird in literarisch verdichteter Form der Pariser Stadtraum mit seinen LebensAchsen, mit seinen vitalen Zonen zu einem Stadtkörper, an dem die Komplexität und Vielpoligkeit des (modernen europäischen) Lebens und seiner Funktionen durchbuchstabiert werden.[33] Auch wenn es Roland Barthes gerade nicht um ein pigalleskes Verständnis von Lust und um ein sorbonniertes Verständnis von Wissen ging: Neun Jahre später versuchte er in *Die Lust am Text* gleichwohl sehr erfolgreich, diese beiden Achsen miteinander in Verbindung zu setzen – Kurzschlüsse auf Leserseite nicht ausgeschlossen.

La Tour Eiffel steht beispielhaft für jene LebensTexte, für jene *Textes de la Vie*, die Roland Barthes so meisterhaft zu schreiben verstand. Es sind Texte, die von der ungeheuren Lebenskraft ihres Verfassers, aber auch von jener unabschließbaren Suche nach einem Leben zeugen, das möglichst intensiv gelesen, geliebt und gelebt werden will.

2. Lehren, was man nicht weiß: Von »Der Tod des Autors« bis »Die Lust am Text«

Zeichen eines angekündigten Todes

In seinem Essay über »Die strukturalistische Tätigkeit« hatte Roland Barthes eine Historisierung des Zeichenbewusstseins (EC, OC I, 1328; vgl. TLT, 215) insofern vorgenommen, als wissenschaftliche Modelle und Techniken als aktive Bestandteile des menschlichen Lebens herausgearbeitet werden. Ganz mit dem Romancier des *nouveau roman* vergleichbar, stelle der Strukturalist oder Semiologe eine – wie es in einem anderen Essay heißt – einfache Frage: »Auf welche Weise bedeuten die Dinge etwas?« (OC I, 979). Semiologe wie Romancier erschließen sich und ihren Lesern damit eine neue Wahrnehmung des Lebens und seiner historischen, kulturellen oder sozialen Bedingungen. Sie sind für Barthes agierende und interagierende, unterschiedlichste Bedeutungssysteme des Lebens lesende Subjekte.

Der ungeheuren Breite an untersuchten Themen entspricht bei Roland Barthes in den 1960er Jahren auch eine große Diversität an Schreibweisen, die sich – im Sinne von *Kritik und Wahrheit* – auf die »Wissenschaft«, die »Kritik« oder die »Lektüre« beziehen lassen. Dabei wird das Wissen, das kraft einer lebendig dekodierenden, im allgemeinen Sinne strukturalistischen Tätigkeit erarbeitet und entfaltet wird, an ein Subjekt zurückgebunden, das man als Wissenschaftler, Kritiker oder Leser, aber auch als Schriftsteller bezeichnen könnte. Gleichviel, ob wir es mit Fragen der Erzähltextgrammatik oder der Sprache der Werbung, mit Fragen der Kleidung, der Kunst oder der Literatur zu tun haben: Der Strukturalist Roland Barthes greift dabei stets auch auf ein Wissen von den Gegenständen zurück, das in ihm selbst, im Subjekt und dessen Lebenserfahrungen also, verankert ist. Ob als Schriftsteller, als Semiologe oder ganz einfach als Leser von Zeichen: Barthes lehrt, was er weiß, und weiß, was er lehrt.

Im Verlauf der 1960er Jahre kommt es zu so zahlreichen theoretischen Umbesetzungen von Barthes' Schiffchen Argo, dass es angesichts des Reichtums und der Diversität seiner Schriften aus dieser Zeit gänzlich unmöglich und unstatthaft wäre, einen »frühen« von einem »späten«, einen strukturalistischen von einem poststrukturalistischen, einen modernen von einem postmodernen Barthes trennscharf zu unterscheiden. Nur wenn man begreift, dass der Barthes'sche Strukturalismus, dessen »Kernzeit« man zwischen dem zweiten Teil der *Mythologien* und dem *System der Mode* ansetzen könnte, weit mehr ist als die Anwendung eines bestimmten Wissenschaftsparadigmas, versteht man auch, dass die intensiven Kombinatoriken und Umbesetzungen stets der Kontinuität einer Frage nach dem Leben entsprechen – unabhängig davon, ob das angestrebte Wissen vom Leben im Leben anhand gastronomischer oder literarischer Zeichensysteme erkundet wird. Barthes ist überall dem Leben auf der Spur.

In einer langen Reihe experimenteller Texte, die man im engsten Sinne als »literarische Versuche« bezeichnen könnte, hat Roland Barthes als Schriftsteller immer wieder die Grenzen seines Wissens wie seines Schreibens erprobt. Dazu zählt der 1964 entstandene, aber erst postum veröffentlichte Text »F. B.« mit seinen Reflexionen »über einen neuen Typ des Romanesken« (OC I, 1439; vgl. RS, 252) ebenso wie die in Marokko entstandenen *Zwischenfälle* (*Incidents*), die gleichfalls erst nach Barthes' Tod publiziert wurden. Diese Texte sind Erprobungsräume eines Schreibens, das nicht an ein zuvor konstituiertes und systematisch angewandtes Wissen eines die Welt erschließenden Subjekts zurückgebunden ist. Diese *écriture* ist vielmehr an der Konfiguration eines Wissens ausgerichtet, das affirmiert – und in diesem Sinne lehrt –, was man nicht weiß, das danach forscht, was in seinen epistemischen Grundlagen noch nicht genauer bestimmt (und vielleicht niemals genauer bestimmbar) ist. Barthes begibt sich in diesen literarischen, aber zunehmend auch in vielen anderen Texten auf eine Suche, deren theoretische Voraussetzungen ungeklärt sind. Aber kann man lehren, was man nicht weiß?

Ohne dass hier eine genauere Analyse dieser Texte vorgenommen werden könnte,[34] sei doch betont, in welch starkem Maße in ihnen das Experimentelle dominiert und ein Oszillieren zwischen Positionen des Schriftstellers (*écrivain*) und des Schreibenden (*écrivant*), zwischen Metasprache und Objektsprache, zwischen diszipliniertem (folglich an wissenschaftlichen Disziplinen ausgerichtetem) und undisziplinierbarem Wissen zu beobachten ist. Es handelt sich zugleich im vollen Sinne um LebensTexte, insofern sie Aspekte eines Lebens und Erlebens thematisieren und entfalten, ohne doch an ein klar bestimmbares (wissenschaftliches oder literarisches) Subjekt rückgebunden werden zu können. Dies hat für die im zweiten Hauptteil der vorliegenden Einführung analysierten Texte ebenso epistemische wie ästhetische Folgen.

Die offene, archipelische Schreibweise, die Barthes in seinem »Reisetext« *En Grèce* (1944), der auf eine Griechenlandreise des Jahres 1938 zurückging, erstmals erprobt hatte, wird in diesen Texten insofern radikalisiert, als die Rückbindung an ein Subjekt, an einen schreibenden Autor, bewusst verunmöglicht wird. Zwar gehen etwa die auf 1969 datierten *Zwischenfälle* noch »klassisch« auf Marokko-Reisen der Jahre 1968 und 1969 sowie auf eine Gastdozentur in Rabat zurück; doch sind die Zeichen, die uns in diesem durch die Erfahrung der Semiologie gegangenen Text gezeigt werden, nicht mehr von einem identifizierbaren Subjekt her kodiert und dekodierbar.

Denn die Zeichen erscheinen, in eine stark rhythmisierte und nur schwer zu übersetzende Sprache transferiert, als Klanggebilde immer wieder in Form von rhythmisierten Bewegungen am Horizont mikrotextuell aufscheinender Wahrnehmungsstrukturen. Wie wäre in der experimentellen Kombinatorik unterschiedlichster Mikrotexte hier noch auf ein traditionelles Subjekt rückzuschließen? Die hieraus entstehende radikal offene Zeichenhaftigkeit führt der letzte Mikrotext der *Incidents* als Klangtext vor, indem er das typische Kleidungsstück der Marokkaner als von Zeit zu Zeit sich wiederholendes Zeichen entlang der Straße darstellt: *Paix d'une djellaba (de dos) sur un âne, le signe qui se répète de temps en temps dans la campagne.* (IN, OC III, 1272; vgl. BI, 49) Gleichsam autonom ablaufende Körperlogiken sorgen in diesen literarischen *Zwischenfällen* dafür, dass an bestimmte Subjektpositionen gebundene Intentionen immer wieder durchkreuzt und unterlaufen werden. Um es mit einer Wendung Nietzsches zu sagen: Wen kümmert's, wer spricht?

Die theoretische Untermauerung für die Schreibexperimente Barthes' stellt der erstmals im Jahre 1967 erschienene Essay »Der Tod des Autors« dar. Gemeinsam mit Michel Foucaults berühmter Frage »Was ist ein Autor?«[35] bildete diese ästhetisch zweifellos gelungenste Infragestellung des Autorbegriffs das vielzitierte Fanal einer Verabschiedung dessen, was man als Produktionsästhetik im traditionellen Sinne bezeichnen darf. Das hier proklamierte neue Verständnis von Literatur, Schreiben und Lesen zielte zugleich auf die Überwindung jener abendländischen Subjektphilosophie, die ins Visier der Wortführer jener Gruppe geraten war, welche sich um die von Philippe Sollers gegründete

Zeitschrift *Tel Quel* scharte. Rasch avancierte »Der Tod des Autors« zu einem der meistgelesenen Texte des französischen Zeichentheoretikers. Und nachhaltiger noch wurde die Rede vom »Tod des Autors« bald schon zu einer der Grundformeln der aufkommenden Postmoderne. Aber was wurde da eigentlich zu Grabe getragen? Lässt sich hier nicht eine Bruchlinie im Barthes'schen Denken ausmachen?

Auch wenn sich für viele das Bild »des Strukturalisten« Barthes verfestigt hatte und das Erscheinen dieses Essays daher zu Verblüffung und Verwunderung Anlass gab, lässt sich – wie hier geschehen – doch zeigen, dass sich der Argonaut Roland Barthes durchaus in einer ganzen Abfolge von Texten auf Positionen zubewegt hatte, die sich im zweiten Teil seines in der Reihe *Tel Quel* erschienenen Bandes *Kritik und Wahrheit* bereits abzeichneten. Im Nachgang erst verwandelte sich »Der Tod des Autors« in ein Manifest dessen, was man schon bald als Poststrukturalismus, als Neostrukturalismus[36] oder als Postmoderne zu bezeichnen begann. Dass Barthes ein feines Gespür für sich andeutende neue Konfigurationen des Wissens besaß, ist unbestreitbar.

Man merkt dem Barthes'schen Essay in seiner Programmatik bis heute an, dass sich der Zeichentheoretiker auf einen Weg begab, dessen weiterer Verlauf ihm selbst nicht allzu klar sein konnte. Gleichviel: »Der Tod des Autors« zielte auf die Ausschaltung jener Autorfunktion und Sinnzentrierung, die auf der Grundlage logozentrischer Subjektphilosophie den Text in einer ihm äußerlichen Figur, jener des Autors, buchstäblich zu verankern suchte. Dem Leben dieser zentrierten und im Abendland scheinbar selbstverständlichen Sinnstruktur namens »Autor« sollte im Essay ein für allemal ein Ende bereitet werden: Es ging dem Autor an den Kragen.

Dass Barthes sich hier in einem Horizont bewegte, dem zu Beginn auch Philosophen und Intellektuelle wie Michel Foucault oder Jacques Derrida in der *Théorie d'ensemble*[37] angehörten, ist evident. Der wieder einmal revolutionäre Gestus von Barthes' Schrift fügte sich bestens in die Rhetoriken des Pariser *avant-mai*. Doch liegen hierin nicht die Gründe für den großen Erfolg dieser kleinen Schrift, aus der längst ein »Klassiker« geworden ist. Vielmehr vermochte es Barthes, in seinem Rückblick auf die historische Herausbildung der Autorfigur seit dem Mittelalter diese nicht allein als »moderne Figur« (OC II, 491; vgl. RS, 57), sondern als transitorisches Konstrukt darzustellen, dem eine begrenzte Lebensdauer eingeschrieben sei. Und nach dem Leben dieser Zentralfigur trachtete er, ohne schon zu ahnen, dass er sich wenige Jahre später literarästhetisch wie schriftstellerisch für ihr Nachleben engagieren sollte.

Wenn Barthes für die tyrannische Herrschaft dieser Autorfigur die traditionelle Literaturwissenschaft und insbesondere die *explication de texte* verantwortlich machte, so setzte er damit gewiss die bereits besprochene *Querelle* um *Über Racine* fort, wie er dies im ersten Teil von *Kritik und Wahrheit* bereits getan hatte. Entscheidend ist aber auch in »Der Tod des Autors« der weitere Verlauf seiner Argumentation. Denn auch die *nouvelle critique* – so unterstrich derselbe Barthes, der noch ein Jahr zuvor zu deren wichtigstem Verteidiger geworden war – habe diese Funktion des Autors stets gestützt. Mallarmé und Valéry, Proust und die Surrealisten jedoch hätten diese beherrschende Position des Autors längst in Frage gestellt und angegriffen. Die *écriture automatique* des Surrealismus sei längst von der Linguistik des Strukturalismus dahingehend fortgeführt worden, dass die Bedeutung des individuellen Autorsubjekts im Verlauf der 1960er Jahre deutlich geschmälert worden sei (OC II, 493; vgl. RS, 59 f.) – die Instrumente der Zerstörung lagen folglich schon bereit. Barthes zögerte nicht, sie einzusetzen.

Denn der »moderne Scriptor« habe längst den traditionellen Autor begraben und glaube (anders als dieser) nicht mehr, »daß seine Hand zu langsam für sein Denken oder seine Leidenschaft« sei (OC II, 493; vgl. RS, 60). Der Text sei keine Botschaft eines »Autor-Gottes« (*Auteur-Dieu*) (OC II, 493; vgl. RS, 61), sondern »ein Gewebe von Zitaten, die aus den tausend Brennpunkten der Kultur stammen« (OC II, 494; vgl. RS, 61). Wie groß die Nähe zwischen Kristevas Texttheorie, Barthes' Tyrannenmord, Foucaults Gesicht am Meeresstrand und Derridas unendlichem Spiel von *différence* und *différance*[38] war, ist offensichtlich: Ein Denken nach dem Strukturalismus bricht sich im Verlauf der 1960er Jahre Bahn. Und Barthes gehörte wiederum zu den Top Four dieser neuen Konstellation. Die fundamentalen Theoreme der veränderten Wissenskonfiguration des Poststrukturalismus zeichneten sich bei ihm in einem für ihn charakteristischen Bild ab: das eines sich im Gewebe der Zitate selbst auflösenden Autors.

Barthes selbst war freilich weit davon entfernt, sich in welchen Geweben auch immer aufzulösen. In seinem Essay von 1967 greift er auf Metaphoriken zurück, die griffiger und nachvollziehbarer waren als die anderer Texttheoretiker, und insistiert auf den revolutionären Implikationen eines Denkens, das »letztlich Gott und seine Hypostasen, die Vernunft, die Wissenschaft, das Gesetz« (OC II, 494; vgl. RS, 62) ein für allemal zu verabschieden trachtet. Es ist verblüffend zu beobachten, mit welcher Geschmeidigkeit Barthes diese revolutionäre Geste sofort wieder zurücknahm, um dem Leser sogleich eine neue Figur, eben den Leser selbst, zu präsentieren:

»Ein Text ist aus vielfältigen Schriften (*écritures*) gemacht, die aus mehreren Kulturen stammen und miteinander in einen Dialog, eine Parodie, eine Infragestellung eintreten; aber es gibt einen Ort, wo diese Vielfalt sich vereinigt, und dieser Ort ist nicht, wie man es bislang sagte, der Autor, sondern der Leser [...]; er ist nur dieser jemand, der innerhalb eines selben Feldes alle Spuren vereinigt hält, aus denen das Geschriebene gemacht ist.« (OC II, 495; vgl. RS, 63)

Das gerade erst bestattete Subjekt des Autors ersteht hier in Gestalt des Lesers wie ein kommender Gott[39] wieder auf. Die dabei von Barthes verwendete Lebensmetaphorik lässt aufhorchen: »Um dem Schreiben seine Zukunft zurückzugeben, muß man – dies wissen wir – den Mythos umkehren: die Geburt des Lesers muß mit dem Tod des *Autors* bezahlt werden.« (OC II, 495; vgl. RS, 63) Nicht länger also wird der Text an ein *vergangenes* Leben, an eine Biographie des jeweiligen Autors geknüpft, sondern an ein *künftiges* Leben, das Lesen des Lesers, um damit zugleich eine prospektive Dimension der *écriture* zu gewinnen. Auf diese Weise entsteht aus der Geburt des Lesers ein neues Leben, das zugleich auch eine *Vita Nova* des Schreibens wie der Literatur (wie gewiss auch ihrer Wissenschaft) ist. Aus dem Bewusstsein eines Todes erst wird neues Leben geboren.

Barthes führt am Ende von »Der Tod des Autors« dieses neue Leben des Lesers nicht mehr aus: Die Programmatik bricht just an jenem Punkt ab, an dem die »Abrechnung« mit der Vergangenheit in eine Gestaltung der Zukunft übergeht. Die Zukunft ist weit offen, das Prospektive bestenfalls perspektiviert: Barthes lehrt, was noch nicht ist und doch schon angefangen hat zu sein.

Damit aber lehrt Barthes, was er zu diesem Zeitpunkt noch nicht weiß, was zugleich aber Ziel seiner literarischen wie wissenschaftlichen Experimente sein wird. Mag eine solche Vorgehensweise auch – wie man einwenden könnte – nicht den Regeln eines philosophischen Diskurses entsprechen und das Denken Derridas – einschließlich seines Verständnisses von *différance* und *déconstruction* – spielerisch und eklektisch unterlaufen: Fruchtbar und literarisch kreativ ist dieser vieldeutige Umgang mit dem Leben der Literatur allemal. Wie produktiv diese prospektive Vision des Kommenden ist, mögen all jene Bücher und Schriften zeigen, die Barthes an der Wende der 1960er zu den 1970er Jahren veröffentlichte. Vom Denken und Schreiben Roland Barthes' gehen entscheidende Impulse für ein neues Begreifen der Beziehungen zwischen Leben, Lesen und Literatur aus. Es sind Impulse, die bis heute auf so unterschiedlichen Gebieten wie Ästhetik und Philosophie, Anthropologie und Geschlechterforschung, Postcolonial Studies und Kulturtheorie, aber selbstverständlich auch in Literatur und Kunst fortwirken.[40]

In zeichenreichen Zeichenreichen

In seinem Text *Das semiologische Abenteuer* hatte der Zeichentheoretiker 1974 eher beiläufig darauf aufmerksam gemacht, dass er vier Jahre zuvor »einen TEXT des LEBENS (*Texte de la Vie*)« verfasst habe, in den er »durch das Schreiben über Japan einzutreten« gesucht habe (AS, III, 39; vgl. SA, 11). Was aber ist unter einem solchen LebensText zu verstehen?

Seinem 1970 erschienenen, Text und Bild ikonotextuell verschränkenden Band *Das Reich der Zeichen* gab Roland Barthes – wie in den 1970er Jahren so oft – eine jener Leseanweisungen mit, die demonstrierten, dass der Autor nicht im Entferntesten daran dachte, seine Leser frei und ungeleitet »darauf loslesen« zu lassen. So heißt es gleich zu Beginn dieses kunstvoll gestalteten Buches, das zwar auf mehrere Japanreisen der 1960er Jahre zurückging, das aber als Japan auf Papier und aus Papier nicht mit Japan verwechselt werden sollte:

»Will ich mir ein fiktives Volk ausdenken, so kann ich ihm einen erfundenen Namen geben, kann es erklärtermaßen als einen romanesken Gegenstand behandeln, eine neue *Garabagne* schaffen, um kein reales Land in meiner Phantasie zu kompromittieren (aber damit kompromittiere ich eben diese Phantasie in den Zeichen der Literatur). Ich kann auch ohne jeden Anspruch, auch nur die geringste Realität darzustellen oder zu analysieren (dies sind die großen Gesten des westlichen Diskurses), irgendwo in der Welt (*da unten*) eine gewisse Anzahl von Zügen (ein Wort mit graphischer und sprachlicher Bedeutung) aufnehmen und aus diesen Zügen ganz nach meinem Belieben ein System bilden. Und dieses System werde ich nennen: Japan.« (EM, OC II, 747; vgl. RZ, 13)

Damit ist unübersehbar ein Warnschild aufgestellt: Dieser *Texte de la Vie* ist weder mit einer Reise noch mit einer Biographie, sondern bestenfalls mit einzelnen disparaten Biographemen in Verbindung zu bringen. Er ist buchstäblich ein Zeichenreich. Die Biographeme oder Splitter eines Lebens werden in der Tat – von persönlichen Erlebnissen über den Abdruck einer Photographie Barthes' in einer japanischen Zeitung bis hin zu Spuren, die uns quer durch die Homosexuellenbars von Tokyo führen – mit einer gewissen Frequenz lustvoll in den Text eingestreut. Barthes' *Reich der Zeichen* situiert sich rigoros jenseits eines den abendländischen Diskurs strukturierenden Gegensatzes zwischen »Fiktion« und »Realität« und verweigert sich jeglicher Geste darstellender oder dargestellter Wirklichkeit. Denn Barthes' Japan ist ein Japan, ohne dass sein Japan mit Japan zu verwechseln ist.

So bilden »Leben« und »Text« keinen Gegensatz: Es ist vielmehr Leben im Text. Das Barthes'sche Reich der Zeichen ist darauf angelegt, mit großem Zeichenreichtum Zeichenreiche (auch im graphischen Sinne) aufzuzeichnen, die keinen Gegensatz zwischen Fiktion und Realität, sondern ein Spannungsfeld zwischen Text und Leben entstehen lassen. Denn Literatur – und von ihr ist nicht umsonst im *incipit* die Rede – ist keine dargestellte Wirklichkeit, sondern die literarische Darstellung gelebter und erlebter Wirklichkeiten, die auf keine wie auch immer konstruierte Realität reduziert werden dürfen. Vielleicht zeigt sich für Barthes hier am besten, was er in *Kritik und Wahrheit* vor allem aus der Position des Kritikers als die »Wahrheit des Schreibens« (CV, OC II, 51; vgl. KW, 91) bezeichnete: Denn Literatur ist, weil sie mehr ist, als sie ist.

Bereits die marokkanischen *Incidents* (Zwischenfälle) konstruierten eine nicht einfach referenzialisierbare außersprachliche Realität, sondern eine Textualität, die ganz im Sinne der Texttheorie rund um *Tel Quel* auf eine Befreiung des Signifikanten vom Druck der Wirklichkeitsdarstellung, der Mimesis, abzielte. Roland Barthes ging es auch in *Das Reich der Zeichen* um eine Dezentrierung abendländischer Sinnstrukturen, hinter der nicht mehr nur – wie dies noch am Beispiel des schwarzen Soldaten in den *Mythologien* der Fall war – eine antikolonialistische Haltung, sondern die fundamentale Absicht stand, eine (wie es in einem erstmals 1968 im *Nouvel Observateur* erschienenen Text hieß) »Enteignung des Abendlands« voranzutreiben, bei der »das abendländische Subjekt nicht mehr Zentrum oder Blickpunkt« (SE, 47) sein konnte. Die postkoloniale Stoßrichtung ist hier offenkundig.

Daher der von Beginn an wahrnehmbare Versuch, nicht nur das abendländische Subjekt oder die scheinbare »Natürlichkeit« des Gesichts, sondern auch den Gegensatz von Schrift und Bild auszublenden. Schrift-Bild und Bilder-Schrift bedingen sich wechselseitig: keineswegs nur in den japanischen Schrift-Zeichen, sondern auch in der eingeblendeten abendländischen Hand-Schrift, die den Körper gleichsam unter der Hand in den Text holt. Das von Barthes errichtete *Reich der Zeichen*, das ebenso den Gegenstand (»Japan«) wie *zugleich* dessen Verfertigung beim Schreiben be*zeich*net, ordnet sich überdies weder eindeutig dem Bereich der »Zeichen der Literatur« noch dem Bereich der Zeichen einer Wissenschaft, einer Analyse außersprachlicher Wirklichkeit zu. Es konstruiert sich vielmehr aus der fundamentalen Diskontinuität einzelner »Züge« und »Striche«, jener Bildlichkeit von Schriftzügen, wie sie auch und gerade in ihrer Verfertigung und Prozessualität in *Das Reich der Zeichen* buchstäblich eingehen. Die Sinnlichkeit des Textes wird mit einer Erotik des Wissens verknüpft. Barthes' Japan wird zu einem Paradies des verstellten Sinns und der vervielfachten Sinne, die beim Lesen Japans aktiviert und sensibilisiert werden.

Ein archipelisches Schreiben dominiert – nicht allein, weil Japan ein Archipel ist und das Buch aus Mikrotexten besteht. Die in der Mitte des Bandes (gemeinsam mit einem Zitat von Philippe Sollers, mit dem Barthes seit 1963 freundschaftlich verbunden war) platzierte Hand (EM, OC II, 787; vgl. RZ, 78 f.) mit dem Pinsel malt Schriftzeichen, die dunkle Züge auf weißer Fläche und damit diskontinuierliche Inseln und Archipele auf und aus Papier entstehen lassen. Auf diese Weise bilden die Mikrotexte einerseits eine jeweils in sich abgeschlossene, ihren Eigen-Sinn besitzende *Insel-Welt*, konfigurieren sich zugleich aber zu einer relationalen *Inselwelt*, deren archipelische und gleichzeitig mobile Strukturierung einen Text entstehen lässt, der in stetiger Bewegung und niemals stillzustellen ist.

So ist dieser *Insel-Text* und *InselText* über das Japan Roland Barthes' aus ikonotextuellen Text-Inseln hergestellt: ein Japan, aus Papier gemacht, ein Japan, wie es auf dem Papier steht. Und dort wird deutlich signalisiert, dass die Grenze zwischen Bild und Schrift eine arbiträre abendländische Setzung ist, die spielerisch außer Kraft gesetzt werden kann. Gemälde, Haikus und handschriftliche Vermerke durchdringen einander: »Wo beginnt die Schrift? Wo beginnt die Malerei?« (EM, OC II, 759; vgl. RZ, 35) Grenzen werden friktioniert, ohne doch gänzlich ignoriert zu werden.

Nichts in diesem Japan ist stabil – gerade auch die Lebensräume und Lebenswelten nicht. Alles ist drehbar, veränderbar, verstellbar und gerade deshalb nur vektoriell vorstellbar. Dies zeigt sich auch und gerade beim Barthes'schen Entwurf des japanischen Hauses, bei dem Ähnlichkeiten mit real existierenden Häusern keineswegs ausgeschlossen, sondern – wie das *excipit* des Bandes zeigt – beabsichtigt sind:

»Bei uns besitzt das Möbelstück eine immobiliäre Berufung, während das Haus in Japan oftmals dekonstruiert und kaum mehr ist als ein mobiliäres Element; im Flur, wie im idealen japanischen Haus, in dem es an Möbeln mangelt (oder wo die Möbel rar gemacht werden), gibt es keinen Ort, der auch nur das geringste Eigentum bezeichnete: weder Sessel noch Bett noch Tisch, von denen aus der Körper sich als Subjekt (oder Herr) eines Raumes konstituieren könnte: Das Zentrum ist verweigert (welch brennende Frustration für den abendländischen Menschen, der überall mit seinem Sessel, seinem Bett versehen, Besitzer eines häuslichen *Platzes* ist). Der Raum ist nicht zentriert und daher auch umkehrbar: Sie können den Flur von Shikidai umdrehen und nichts wird geschehen, abgesehen von einer folgenlosen Verkehrung von oben und unten, von rechts und links: Der Inhalt wird ohne Rückkehr entlassen: Man kann eintreten, hindurchgehen oder sich direkt auf den Fußboden (oder die Decke, wenn Sie das Bild herumdrehen) setzen, es gibt nichts zu *ergreifen*.« (EM, OC II, 821-824; vgl. RZ, 148 f.)

Damit wird zum einen das Zentrum als jener Fixpunkt verabschiedet, an dem sich für den *homme occidental* »die Werte der Zivilisation versammeln und kondensieren« (EM, OC II, 767; RZ, 47). Dem leeren Zentrum, dem *centre ville – centre vide* entspricht auch die offene Strukturierung des Buchs, in der auch Derrida'sche oder Kristeva'sche Begriffe wie *dissémination*, *déconstruction* oder *signifiance* eigentümlich oszillieren, weil sie aus ihrer theoretischen Verankerung gerissen sind. Auch die Grenzen zwischen Narrativ und Theorie werden friktioniert.

Zum anderen ließe sich diese Problematik sehr wohl mit der sich in den 1970er Jahren akzentuierenden Frage Roland Barthes' nach den Möglichkeiten und Grenzen des Zusammenlebens in Verbindung bringen, die er 1976 und 1977 im Rahmen seiner ersten Vorlesung am Collège de France behandelte. An diesem textuellen Ende von Barthes' *Das Reich der Zeichen* (das selbstverständlich wieder auf den Anfang verweist) verschränkt sich in der ikonotextuellen Schreibweise dieses *excipit* jedoch vor allem die Gerichtetheit des Schrifttextes (von links nach rechts, von oben nach unten) mit der Umkehrbarkeit eines Bildtextes, insofern sich die Photographie eines Hausinnenraums, eines Korridors oder Flurs, in alle Richtungen drehen und in der Tat *wie eine zweite Sprache* lesen (und erleben) lässt. Ist es nicht der Leser, der alles auf neue Weise lebbar macht?

Das Unterlaufen der Grenzen zwischen links und rechts, oben und unten, innen und außen, Mittelpunkt und Rand, bewegt und unbewegt, wird hier wie in einer *mise en abyme* – und damit letztlich in einer fraktalen Strukturierung – eingefangen und vorgeführt, gleichsam erlebbar und *lebbar*, ja bewohnbar gemacht. Man kann hier sehen und sitzen, aber nicht besitzen, schauen, aber nicht überschauen: begreifen, aber nicht ergreifen. *Das Reich der Zeichen* ist als Zeichenreich ein Experimentierraum, in dem das Abendländische ausgestellt, aber auch verstellt – und damit aus der Fassung gebracht – wird.

Das offenkundige Spiel mit dem Derrida'schen Begriff der *déconstruction* macht deutlich, dass die Referenz eine Reverenz, dass die Realität eine Relationalität ist, in der die Texttheorie die Gestalt eines Landes (wie hier eines Hauses) angenommen hat, ohne doch »bloße« Texttheorie zu bleiben. Die oszillierende Bewegung erfasst alle Bereiche des Lebens und Zusammenlebens: Wenn es um Lebensmittel geht, ist sogleich von »dezentrierter Nahrung« (EM, OC II, 758; vgl. RZ, 33) die Rede. *Das Reich der*

Zeichen entfaltet die ästhetische Kraft einer Theorie, die mehr als Theorie ist (und auch zu sein beansprucht), weil sie sich literarisch ins Leben projiziert, ins Leben einspeist, kurz: eine *lebbare Theorie* darstellt. Diese Einschreibung ins Leben erfolgt auch – und daran lässt die Bildlegende keinen Zweifel – in das Leben ihres Lesepublikums: »Drehen Sie das Bild herum: nichts mehr, nichts anderes, nichts.« (EM, OC II, 783; vgl. RZ, 69)

Das auf diese Weise konstruierte ideale japanische Haus konstituiert (wie der Korridor) nicht etwa einen immobilen, statischen Raum des »Innen«, sondern ist als Bewegungs-Raum, als Vektorenfeld aufgebaut. Es setzt an die Stelle einer Einbahnstraße, eines *sens unique*, die Vielgerichtetheit einer Kombinatorik aller Bewegungsrichtungen, ein *toutes directions*, das mit der archipelischen Schreibweise von Barthes' Zeichenreich vergleichbar ist. Es handelt sich zugleich um reversible, vektorielle Räume für ein Zusammenleben ohne Besitz, mehr noch: ohne jeden Besitzanspruch, jedes Ergreifen-Wollen. Doch im Schreiben kommt zugleich ein Leben-Wollen zum Ausdruck, das auch die Frage nach der Konvivenz stellt. Die Herausforderung des *Comment vivre ensemble*, der Formen und Normen des Zusammenlebens, ist in *Das Reich der Zeichen* eingeschrieben.

Zwischen den Mikrotexten sind in hoher ikonotextueller Dichte Photographien, Zeichnungen, Gemälde, Kalligraphien, Postkarten, Zeitungsartikel oder handschriftliche Notizen eingestreut, wobei sich Letztere auf Photographien oder Skizzen finden, Schriftzeichen im Prozess ihrer allmählichen Verfertigung entstehen oder gedruckte Kommentare als Legenden an die Seite von Abbildungen treten. Alles wirkt, als wäre es gelebt; alles scheint, als wäre es gefunden, und doch ist es oft erfunden. Alles wird von zeichenreichen Sinnstrukturen gequert, ohne je auf einen einzigen Sinn reduzierbar zu sein. Im Reich der Zeichen führen die Zeichen ihr Eigen-Leben. Und aus dem Schreiben der Zeichen entsteht ein Leben, das in sich die verschiedensten Formen von Lebenswissen aufgenommen hat und Splitter, einzelne Biographeme homosexuellen wie heterokulturellen Zusammenlebens, bietet. Es ist ein Reich von LebensZeichen.

Der des öfteren geäußerte Vorwurf mangelnder japanologischer Kenntnisse geht vor diesem Hintergrund sicherlich an der Sache vorbei und ins Leere. Dies machte bereits die eingangs zitierte Leseanweisung klar. Zugleich aber darf man feststellen, dass sich die Lehre des Zeichentheoretikers auf das bezieht, was er nicht weiß, um diesen Raum des Nicht-Wissens in einen Experimentierraum zu verwandeln, der die unterschiedlichsten Diskurse über Lebensformen und Lebensnormen auf intensivste Weise miteinander kombiniert.

Barthes' japanische Lebenslehre macht auch vor dem Körper seiner Japaner nicht halt. Dabei erweist sich einmal mehr Geschichtlichkeit in einer Fokussierung von Gesichtlichkeit. In einem mit »Das Augenlid« überschriebenen Mikrotext werden Überlegungen weiterentwickelt, in denen die architektonische Struktur des japanischen Hauses – die alle Hierarchien zwischen oben und unten, innen und außen, links und rechts unterläuft – auf das lebende Objekt, den Körper »des« Japaners, genauer: auf das Auge und dessen »Rahmung« übertragen werden. Dabei ist die Verknüpfung dieses Transfers mit dem Leben aufschlussreich:

»Das westliche Auge ist einer ganzen Mythologie der Seele, die zentral ist und geheim, unterworfen, deren Feuer aus dem schützenden Hohlraum der Augenhöhlen heraus in ein fleischliches, sinnliches, leidenschaftliches Außen strahlt; doch das japanische Gesicht kennt keine moralische Hierarchie; es ist gänzlich lebendig, lebhaft (im Widerspruch zur Legende von der östlichen Gelassenheit), weil seine Morphologie nicht ›in der Tiefe‹ gelesen werden kann, d.h. entlang der Achse einer Innerlichkeit; sein Modell ist nicht die Skulptur, sondern die Schrift: Es ist ein weicher, leichter, dichter Stoff (Seide selbstverständlich), ganz einfach und wie unmittelbar in zwei Zügen kalligraphiert. Das ›Leben‹ liegt nicht im Licht der Augen, es liegt in dem geheimnislosen Verhältnis zwischen einer Oberfläche und ihren Spalten: in diesem Auseinandertreten, dieser Differenz, dieser Synkope, die, wie man sagt, die Leerform der Lust bilden.« (EM, OC II, 817; vgl. RZ, 140)

Das Lesen führt zum Leben und zur Lust. Man könnte in dieser Passage – wie auch in jener des japanischen Hauses – die jeweils unterschiedliche Inszenierungsform des *Texte de la Vie*, jenes LebensTextes sehen, dessen Gewebe, dessen *tissu* hier gleichsam das Leben wie das Erleben lustvoll in sich aufgenommen hat. Ansätze zu einer Ästhetik der Lust werden erkennbar, die Barthes wenige Jahre später in *Die Lust am Text* in mikrotextuellen Theoremen eindrucksvoll entfalten sollte.

Die rhetorische Gegenüberstellung von Orient und Okzident, die das gesamte *Reich der Zeichen* durchzieht, erfüllt auch hier die Funktion, weder einer Fortschreibung des europäischen Orientalismus im Sinne Edward W. Saids[41] noch einer bloßen Verdrängung derartiger diskursiver Alteritätsmuster anheimzufallen oder willfährig zu sein. *Das Reich der Zeichen* lässt sich auf ein Spiel mit orientalistischen Versatzstücken ein, lässt sie als Pastiche eines Pastiche, als Dekonstruktion einer Dekonstruktion aber ins Leere laufen: in eine Lehre, die das lehrt, was sie nicht weiß, von der man aber nicht sagen könnte, sie wisse nicht, was sie lehrt. Denn die Lust an einer programmatischen Enteignung des Abendlands ist in diesem Barthes'schen Zeichenreich überall zu spüren.

Dies bedeutet gerade nicht, dass *Das Reich der Zeichen* als ideologisierender Befreiungstext lesbar wäre. Dank ihrer polysemen literarischen Schreibweise verfestigt sich Barthes' Theorie niemals zur Ideologie. Es geht in der soeben zitierten Passage nicht um die Deskription »des« japanischen Auges oder Augenlids, um die Mimesis einer wie auch immer gearteten Wirklichkeit, sondern vielmehr um die Inszenierung jenes lebendigen, ja lebhaften LebensTextes, dessen Ziel nicht eine bestimmte außersprachliche Realität, sondern eine mit Leben gesättigte textuelle (wie intertextuelle) Relationalität ist. Überall im Barthes'schen Zeichenreich ist Leben im Netz, ist lustvolles Leben im Text.

Nicht der Gegensatz zwischen Realität und Fiktion, sondern das Spannungsfeld (und die wechselseitige Verschränkung) von Vorgefundenem, Erfundenem und Erlebtem (einer Sichtweise, die Barthes als »System« mit dem Namen Japan ausstattet, einer Schreibweise, die als *écriture courte* archipelische Züge trägt) stehen im Brennpunkt der Bewegungslinien, die *Das Reich der Zeichen* zu einem faszinierenden Text des Lesens und Erlebens, aber auch des in vielfacher Hinsicht erlesenen Lebens machen. Wie »In Griechenland« entwirft *Das Reich der Zeichen* eine Landschaft der Theorie, wobei es sich hier um eine urbane Insellandschaft handelt, die von keinem Subjekt, von keiner einzelnen Subjektposition aus mehr beherrscht werden kann.

Barthes' LebensText reagiert auf die Last abendländischer Zentrierungen, deren Allgegenwart in *Das Reich der Zeichen* ständig spürbar ist, mit der List einer offenen archipelischen Schreibweise, um daraus eine stets auf dem Relationalen und der Mobilität beruhende Ästhetik der Lust zu entfalten, deren Grundlegung den französischen Theoretiker während der folgenden Jahre intensiv beschäftigen sollte. Der Entwurf einer derartigen Ästhetik der Lust blieb – anders als bisweilen aus philosophischer Sicht zu hören – keineswegs »folgenlos«[42], sondern erwies sich als überaus kreativ und produktiv.[43] Barthes hatte sich auf einen Weg begeben, der die Programmatik seines Essays über den »Tod des Autors«, aber auch des zweiten Teils von *Kritik und Wahrheit* auf verblüffende Weise einlöste. Diesen Weg als den Wandel vom Strukturalismus zum Poststrukturalismus zu beschreiben wäre nicht nur verkürzend, sondern ein Beispiel einer eklatanten Armut an Begriffen – und damit an Begreifen.

Das Eigen-Leben des Lesers im Text

Roland Barthes' Essay »Der Tod des Autors« hatte 1967 mit einem Zitat aus Honoré de Balzacs Novelle »Sarrasine« begonnen und damit einen zuvor weitgehend unbeachtet gebliebenen Text aus den »Szenen des Pariser Lebens« der *Comédie humaine* ins Zentrum gerückt. Balzacs Erzähltext um die im 18. Jahrhundert angesiedelte Liebe des französischen Bildhauers Sarrasine zum italienischen Kastraten Zambinella – nicht ahnend, dass dieser Sänger keine Frau, sondern konventionsgemäß auf den Bühnen Roms ein männlicher Kastrat sein musste – war Gegenstand des von Barthes an der École pratique des hautes études ab 1967 durchgeführten Seminars, das erst nach den Ereignissen vom Mai 1968 und der Rückkehr Barthes' von seiner Gastdozentur in Marokko 1969 abgeschlossen werden konnte. Der weitgehend fernab von Paris redigierte und 1970 unter dem Titel *S/Z* erschienene Band beruhte folglich – wie so häufig bei Barthes – auf den Erfahrungen eines Seminars, das sich ausschließlich auf die Lektüre dieser Novelle konzentrierte. Barthes' Lehre war mit seinem Schreiben stets eng verbunden. Und nichts anderes stand im Mittelpunkt dieses langen Seminars als die Lektüre in eben jener hervorbringenden, textgenerierenden Funktion, wie Barthes sie in «Der Tod des Autors» eingeführt hatte.

Das Seminar – so wissen wir unter anderem aus Barthes' Berichten – stand ursprünglich noch im Zeichen einer strukturalistischen Erzähltextanalyse (OC II, 521), die diesen Text als »Spiel vielfältiger Strukturen« verstand, deren »Zentrum man nur arbiträr fixieren« könne (OC II, 522). Die Entstehungszeit dieser

Balzac-Lektüre in ihrer seminarbezogenen wie in ihrer schriftlichen Form könnte zeitlich kaum besser gewählt sein, beleuchtet doch der Zeitraum zwischen 1967 und 1970 jene entscheidende Scharnierphase, die sich im Spannungsfeld strukturalistischer wie poststrukturalistischer Kampfpositionen ergab.

Schon zu Beginn des Bandes wird deutlich jene Schwierigkeit artikuliert, die der einst von Barthes selbst geträumte Traum der strukturalistischen Erzähltextforschung – nämlich »alle Erzählungen dieser Welt« wenn irgend möglich in »einer einzigen Struktur« aufgehen zu lassen – mit sich bringe: Die »Differenz« des Textes gehe bei dieser Vorgehensweise unrettbar verloren (SZ, OC II, 557; vgl. SZD, 7). Hätte sich Barthes wohl 1967 noch für eine Lösung entschieden, alles auf eine einzige Struktur zu reduzieren, so plädierte er im weiteren Verlauf sehr deutlich für ein Verständnis, das ganz im Sinne Derridas und Kristevas auf ein unendliches, nicht abschließbares Spiel von Differenzen setzte. *S/Z* führt dieses *glissement*, diesen sich verändernden Bewegungsraum in Barthes' Lesarten detailreich vor.

Fraglos trug seine in Buchform veröffentlichte Analyse noch unübersehbar eine strukturalistische Handschrift. Der Gesamttext der Novelle wurde in 561 Lexien oder Leseeinheiten eingeteilt, die streng in ihrer Abfolge abgedruckt und mit einem der jeweiligen Lexie folgenden Kommentar versehen wurden. Auch wenn den Unterteilungen in Lexien etwas Arbiträres anhaften mochte: Die von Barthes vorgelegte Balzac-Lektüre »in Zeitlupe« (OC II, 961; vgl. RS, 29) faszinierte ihre Leser von Anfang an. Denn liefen hier im Sinne von *Kritik und Wahrheit* nicht »Wissenschaft«, »Kritik« und »Lektüre« in einem einzigen vielschichtigen Text zusammen?

Ganz im Verständnis von »Der Tod des Autors« steht nicht der Autor, sondern der Leser, steht nicht die Poetik, sondern die Legetik, stehen nicht produktionsästhetische, sondern rezeptionsästhetische Aspekte im Vordergrund der Barthes'schen Vorgehensweise. In gänzlich strukturalistischer Manier entspricht dabei der syntagmatischen Unterteilung in Lexien eine paradigmatische Unterscheidung nach verschiedenen Codes. Innerhalb der eingeteilten Leseeinheiten wird folglich nach einem hermeneutischen, einem semantischen, einem symbolischen, einem handlungsspezifischen und einem kulturellen Code (SZ, OC II, 567 f.; vgl. SZD, 24) gefahndet, wobei die Funktionsweise der einzelnen Codes jeweils separat untersucht wird.[44] Damit entsteht ein zum Balzac'schen Textgewebe gleichsam analoges Lektüregewebe, wobei in diese syntagmatische und paradigmatische Lesestruktur insgesamt 93 römisch durchnummerierte Mikrotexte eingestellt werden, welche die lineare Abfolge der Lexien rahmen.

Auf diese Weise entsteht ein vielfach gebrochener und hochgradig diskontinuierlicher Textkörper *sui generis*, in dem sich der Balzac'sche und der Barthes'sche Text miteinander verbinden, jedoch klar voneinander unterscheidbar bleiben. Dadurch ergeben sich einzelne Serien, denen die LeserInnen folgen können, falls sie nicht der linearen Sequenz der einzelnen Textteile nachgehen wollen.

Die klare Unterscheidung zwischen arabisch durchnummerierten Lexien und römisch durchnummerierten Mikrotexten lässt einen Webrahmen mit seinen Kettfäden und seinen Schussfäden entstehen. Aus diesem Gewebe der Fäden, das zugleich ein Gewebe der Stimmen ist, entsteht die eigentliche Partitur, die Barthes auch als solche darzustellen sucht (SZ, OC II, 574; vgl. SZD, 34). Roland Barthes, der einst bei dem für seine sehr eigenen Interpretationen berühmten französischen Sänger Charles Panzéra – dessen Kunst er noch in späten Jahren in mehreren Essays huldigte – Gesangsunterricht nahm, gibt hier wie in der Musik nicht nur dem Autor, dem »Komponisten«, sondern auch dem Leser, dem »Interpreten«, eine ganz eigene, aktive Rolle. Der Leser ist Agens und Movens im Text.

Denn der »Interpret« hat sich der »Komposition« bemächtigt und lässt ein Leben des Textes entstehen, welches ohne das Eigen-Leben des Interpreten nicht vorstellbar wäre. Ein lebendiger Text entsteht, insofern der strukturalistische *découpage* in syntagmatischer und paradigmatischer Richtung von verschiedenen Stimmen der Lektüre seriell so gequert wird, dass die gleichsam »zerhackten« Balzac'schen Texthäppchen förmlich einverleibt und kannibalisiert werden. Diese Inkorporation Balzacs bildet die Lesegrundlage, aber auch die Lebensgrundlage des Barthes'schen Textgewebes.

Denn die eingestreuten 93 Mikrotexte beschränken sich im Gegensatz zu den anderen Serientexten auf syntagmatischer und paradigmatischer Ebene keineswegs auf metasprachliche Kommentarfunktionen, sondern entfalten insofern ihr Eigen-Leben, als sie durch intratextuelle Bezüge ein eigenes Barthes'sches Textgewebe einblenden, mit Theoriemetaphern anreichern oder autobiographisch (und damit leserbiographisch) in andere Lebenskontexte überführen. Das Leben des Lesers ist in Form zahlreicher kleiner Biographeme, unzähliger LebensZeichen des Lesers in den lebendigen Text integriert. Ist dies der Tod des Autors? In jedem Falle ist dies weit mehr als die Geburt des Lesers: *S/Z* gibt nicht nur erste LebensZeichen, sondern ein ganzes LeseLeben zu lesen.

Führt *S/Z* den Tod des Autors vor Augen, dann geschieht dies in Form einer Kannibalisierung, die freilich Stil und Methode hat. Wie in der japanischen Küche, die Barthes in *Das Reich der Zeichen* auf seine Weise fand und erfand, wird Honoré de Balzac fein säuberlich kleingeschnitten und, in feine Einzelteile zerlegt, dem literarischen Gaumenfreund vorgesetzt. Dabei steht weniger das Ausgangsmaterial als dessen friktionale Einverleibung als Lebensmittel im Vordergrund.

Man könnte von Barthes und dieser Vorgehensweise behaupten, was dieser selbst in einem Artikel von 1963 über die Literatursoziologie Lucien Goldmanns – und damit einen Teil der *nouvelle critique* – gesagt hatte, dass nämlich die Radikalisierung des eigenen Standpunkts oft der geeignetste Weg sei, um aus einer methodologischen Sackgasse herauszukommen (OC I, 1148). Barthes führt in *S/Z* vor, wie produktiv seine Radikalisierung von Positionen war, die zu Beginn seines Seminars über Balzacs *Sarrasine* noch weitestgehend Verfahren des Strukturalismus gewesen waren. Man könnte aber diesbezüglich nicht nur von einer Kannibalisierung von Honoré de Balzacs Novelle, sondern auch eines Strukturalismus sprechen, dessen Verfallsdatum Barthes im Verbund mit der Zeitschrift *Tel Quel* und der *Théorie d'ensemble* von 1968 längst erkannt hatte. Das Ergebnis war ein Strukturalismus Barthes'scher Prägung, der nicht mehr Strukturalismus war und doch nie aufhören sollte, (auch) strukturalistisch zu sein.

War Barthes mit *Das Reich der Zeichen* nach eigener Aussage ein LebensText (*Texte de la Vie*) geglückt, in dem das Leben der Zeichen gelebt oder zumindest nacherlebt werden kann, so legte er mit *S/Z* einen anthropophagen (oder bibliophagen) Text vor, der durch die Biographeme des Lesers eine Partitur zum Klingen bringt, die im Spiel mit dem »Ursprungstext« ein hohes Eigen-Leben entwickelt.

Nicht umsonst hatte Barthes im Schlussteil von *Kritik und Wahrheit* eine nicht nur historisch erhellende, sondern für sein eigenes Schreiben wichtige Einteilung von vier seit dem Mittelalter unterschiedenen Funktionen eingeführt: »den *scriptor* (der abschrieb, ohne etwas hinzuzufügen), den *compilator* (der niemals etwas von sich selbst hinzufügte), den *commentator* (der von sich aus in den abgeschriebenen Text nur eingriff, um ihn verständlich zu machen) und schließlich den *auctor*, der seine eigenen Gedanken wiedergab, wobei er sich immer auf andere Autoritäten stützte.« (CV II, 50) All diese Funktionen sind in *S/Z* unübersehbar präsent. Das eigentliche Leben aber bringt ein Lektor in den Text, der zu einem Leser seiner eigenen Lektüre wie seines eigenen Lebens wird. Die LebensZeichen dieses Lesers waren mit dem Tod des Autors zu bezahlen gewesen. Denn ging es im Kontext der Kampfpositionen von Tel Quel nicht darum, »den Text zu *mißhandeln*, ihm *das Wort abzuschneide*n« (SZ, OC II, 564; vgl. SZD, 19)?

In einer folgenreichen Einteilung bezeichnete Barthes den klassischen Text als den heute lesbaren Text, den *texte lisible* (SZ, OC II, 558; vgl. SZD, 8), dem er den schreibbaren Text (*texte scriptible*) als das, was heute geschrieben werden könne, gegenüberstellte (SZ, OC II, 557 f.; vgl. SZD, 8). Ziel müsse es fortan sein, aus dem Leser nicht länger einen Konsumenten, sondern einen »Textproduzenten« zu machen (SZ, OC II, 558; vgl. SZD, 8). Unter deutlichem Rückgriff auf Friedrich Nietzsche, dessen Bedeutung spätestens ab diesem Zeitpunkt für Barthes' Denken kaum mehr zu überschätzen ist, betont der Leser von Balzacs »Sarrasine«, es komme auch im klassischen, lesbaren Text darauf an, nicht einen einzigen, zentralen Sinn, sondern das Plurale seiner Sinnbildungsprozesse herauszuarbeiten (SZ, OC II, 558; vgl. SZD, 9). Damit verbindet sich eine deutliche Kritik an einer kapitalistischen Warengesellschaft, in der – wie Barthes witzig hinzufügt – nur Kinder, Alte und Professoren Texte mehrfach läsen (SZ, OC II, 565; vgl. SZD, 10). Die Pluralität des literarischen Textes aber spricht gegen dessen einmalige Konsumption und für eine quantitative wie qualitative Pluralität der Lektüren. Der Leser führt den Text nicht nur auf, er ist der eigentliche Schöpfer des Textes.

In einem Artikel von 1970 über *S/Z* betonte Barthes, dass die Lektüre stets mit »verschiedenen Stellungen (*postures*) des menschlichen Körpers« verbunden sei (OC II, 963; vgl. RS, 31), eine Vorstellung, die nicht nur an den glänzenden Auftakt von Italo Calvinos *Wenn ein Reisender in einer Winternacht* mit den dort eingenommenen verschiedenartigsten Posituren des Lesers erinnert, sondern auch in der langen, spätestens in seinem *Michelet* (1954) zu beobachtenden Auseinandersetzung mit Körper, Leib und Körperlichkeit zum Ausdruck kommt. »Beim Lesen«, so Barthes weiter, würden wir dem von uns gelesenen Text stets »bestimmte Stellungen aufprägen« (OC II, 963; vgl. RS, 31). Die Körper der Lesenden und die Körper der Texte verwickeln sich so in ein Stellungsspiel, das als Liebesspiel in seiner erotischen Dimension offenkundig ist. Man könnte die gerade in der Rezeptionsästhetik so gebräuchliche Rede vom Lese*akt* aus Barthes'scher Perspektive selbstverständlich auch in diesem erotisierenden, eine Erotik des Wissens in Gang setzenden Sinne verstehen.

Vor dem Hintergrund dieser Text-Stellungen ist es beeindruckend festzustellen, dass sich das Projekt des folgenden, im Dezember 1971 erschienenen Bandes *Sade, Fourier, Loyola* bereits in einem Essay von 1963 abzeichnete, in dem sich Barthes nicht nur mit Georges Bataille, sondern auch mit dem von den französischen Surrealisten stets verehrten Marquis de Sade beschäftigte:

»Es ist wahr, daß die *Erzählung* Batailles viel derjenigen Sades verdankt; aber Sade hat vielmehr jegliche erotische Erzählung begründet in dem Maße, wie sein Erotismus essentiell syntagmatischer Natur ist; aus einer gegebenen Anzahl erotischer Orte leitet Sade *alle* Figuren (oder Konjunktionen von Personen) ab, welche diese mobilisieren können; die grundlegenden Einheiten sind von begrenzter Zahl, denn nichts ist begrenzter als das erotische Material; sie sind jedoch zahlreich genug für eine scheinbar unbegrenzte Kombinatorik (wobei die erotischen Orte zu Stellungen (*postures*) und die Stellungen zu Szenen kombiniert werden), deren Vervielfachung die gesamte Sadesche Erzählung bildet. [...] Die erotische Sprache (*langage*) Sades hat keine andere Konnotation als jene ihres Jahrhunderts, sie ist eine Schreibweise; jene Batailles ist vom Wesen Batailles selbst konnotiert, sie ist ein Stil; zwischen diesen beiden ist etwas geboren worden, das jegliche Erfahrung in eine *umgeleitete* Sprache (um nochmals ein surrealistisches Wort aufzugreifen) verwandelt: die Literatur.« (OC II, 1351)

Dem begrenzten Reservoir an erotischem Material, von dem hier im Sade'schen Sinne die Rede ist, stellt Barthes in dieser Passage eine »scheinbar unbegrenzte Kombinatorik« entgegen, die im Zitat mit der Geburt – und damit dem Leben – der Literatur in eine in der Tat intime Beziehung gebracht wird. Wird man sich der Tatsache bewusst, in welchem Maße in Begriffen wie »Stil« und »Sprache« noch die Vorstellungswelt und Terminologie von *Am Nullpunkt des Schreibens* präsent ist, kann man erkennen, warum es in diesem Projekt – und die Geburtsmetaphorik zeigt es deutlich an – in großer Kontinuität zwischen 1953, 1963 und 1971 um das Leben der Literatur geht.

Aus dieser lebendigen Perspektive werden die Stellungen der Körper in Sades Texten als eine Schreibweise und in ihrer syntagmatischen Abfolge als eine Rhetorik lesbar, wodurch das hautnahe Leben der Sade'schen Figuren zwar vielleicht ein wenig derealisiert, die Polylogik ihrer Stellungen aber weit jenseits sportlicher Leibesübungen semantisch potenziert wird. Auch in *S/Z* hatte Barthes betont, in den Texten des Marquis de Sade alterniere »der Erzähler systematisch, wie bei einem Kaufakt, eine Orgie gegen eine Abhandlung, d.h. gegen Sinn (die Philosophie ist das Geschlechtliche, das Boudoir wert)« (SZ, OC II, 614; vgl. SZD, 92). Körper und Textkörper werden so in ein lebendiges *Verhältnis* gebracht. Lust und Wollust, *plaisir* und *jouissance*, erscheinen bereits, wenn auch erst am Rande, in *S/Z*; sie werden wenige Jahre später zu entscheidenden terminologischen Spielmarken jener Ästhetik der Lust, die Roland Barthes in *Die Lust am Text* 1973 so eindrucksvoll entfalten sollte.

In seinem auf Juni 1971 datierten Vorwort zu *Sade, Fourier, Loyola* machte Roland Barthes darauf aufmerksam, dass die zwischen Winter 1967 und Herbst 1970 verfassten Essays ebenso wie der zweite, noch unveröffentliche Sade-Essay von Beginn an auf das nun vorgelegte Buchprojekt hin konzipiert worden seien (SFL, OC II, 1041; vgl. SFD, 7). Die Zusammenstellung dieser drei von Barthes als Logotheten (Sprachenbegründer) verstandenen und bezeichneten Figuren, die Philip Thody einmal humorvoll die *trinity of the bad, the mad and the sad* nannte,[45] gehorchte keiner Vorstellung von einer ideologischen, religiösen oder kulturellen Einheit. Man könnte hier vielmehr von Stellungen sprechen, in welche Barthes als Leser die von ihm ausgewählten Texte wechselseitig bringen wollte.

Anders als bei den von Michel Foucault definierten »Diskursivitätsbegründern«[46] geht es bei Barthes' Logotheten nicht um die Erzeugung von Diskursen oder Disziplinen, sondern um die Zeugung eines spezifischen Verhältnisses zwischen Körper und Text, zwischen Lesen und Schreiben. Dabei wird der Leser zum eigentlichen Textproduzenten – oder wie Barthes unmissverständlich schon in seinem Vorwort formulierte: »Die Lust einer Lektüre garantiert ihre Wahrheit.« (SFL, OC II, 1045; vgl. SFD, 14)

In seiner bisweilen respektlosen Lektüre lässt sich Roland Barthes lustvoll auf die von ihm gewählten Texte und deren Autoren ein. Letztere erscheinen anders als bei einer *explication de texte* nicht mit ihrer zusammenhängenden Vita, sondern in einzelnen Biographemen, zwischen die sich die Lebenssplitter des Verfassers von *Sade, Fourier, Loyola* mit ihrem Eigen-Leben mischen:

»Wäre ich Schriftsteller und tot, wie sehr würde ich mich freuen, wenn mein Leben sich dank eines freundschaftlichen und unbekümmerten Biographen auf ein paar Details, einige Vorlieben und Neigungen, sagen wir: auf ›Biographeme‹, reduzieren würde, deren Besonderheit und Mobilität außerhalb jeden Schicksals stünden und wie die epikuräischen Atome irgendeinen zukünftigen und der gleichen Auflösung bestimmten Körper berührten; ein durchlöchertes Leben, so wie Proust das seine in seinem Werk zu schreiben verstand [...].« (SFL, OC II, 1045; vgl. SFD, 13)

Es geht hier nicht um ein Schicksal, das aus der Perspektive des Todes einem ganzen Leben in christlich-abendländischer Tradition Sinn gäbe, sondern um höchst mobile und dynamische Splitter eines Lebens, die sich unpathetisch und mobil zu Lebensfiguren, *figurae vitae*, anordnen lassen. Im Zeichen eines durchlöcherten Lebens entstehen *LebensZeichen*, die von keinem Sinn-Zentrum her mehr fest-zu-stellen, zu fixieren sind. In der Lektüre ordnen sich die Texte zu immer neuen Stellungen *an*, ohne sich *unter*zuordnen: Sie bilden Choreographien des Lebens, die im Sinne von Nietzsches Zarathustra tanzbar sind.

Den letzten Teil seines Buchs hat Roland Barthes nicht umsonst mit dem kleinen Wörtchen *Vies* – also dem Leben und den Lebensläufen im Plural – überschrieben. Dort erfahren wir von kleinen Leidenschaften und Abneigungen, von scheinbar unwichtigen biographischen Ticks und auch davon, dass etwa der »göttliche« Libertin »ein wenig von seinem Werk in sein Leben übertragen« habe (SFL, OC II, 1173; vgl. SFD, 208). Ans Ende von Fouriers Biographemen stellte Barthes recht hintergründig den Hinweis, dass der große Vertreter des utopischen Sozialismus Sade gelesen habe (SFL, OC II, 1173; vgl. SFD, 209). Dieser letzte Satz des Buches öffnet sich absichtsvoll auf den Leser Fourier, auf den Leser Barthes, aber auch auf den Leser Barthes' und die Lektüre als erzeugende und zeugende Kraft.

Das Leben im Text bezieht sich folglich weit weniger auf einzelne Biographeme des Verfassers – auf eine Diskussion mit einem marokkanischen Freund über das Ranzige im Couscous (SFL, OC II, 1097; vgl. SFD, 91), auf die erzwungenen Gemeinschaftsessen des Gastdozenten mit seinen Studierenden an US-amerikanischen Universitäten (SFL, OC II, 1116; vgl. SFD, 122) oder auf die mögliche Nutzbarmachung der Tatsache, dass Sexualpartner für erotische Ausschweifungen in unterentwickelten Ländern leichter zu bekommen seien (SFL, OC II, 1135; vgl. SFD, 150) – als auf die Stellungen einer unstillbaren Lektüre, die letztlich immer auf ein Wissen vom Leben im Leben des Textes abzielt. Was aber bleibt vom Leben der Autoren selbst?

Wenn Sade »kein Erotiker«, Fourier »kein Utopist« und Loyola in diesem Band »kein Heiliger« mehr ist, dann bleibe, so Barthes, von jedem »nur noch ein Szenograph übrig, einer, der sich in den Streben, die er aufbaut und bis ins Unendliche fortführt, verliert« (SFL, OC II, 1043; vgl. SFD, 10). Wir werden sehen, wie Barthes diese Metaphorik in *Die Lust am Text* transferieren und dort in eine Textualität des Lebens transformieren wird.

In *Sade, Fourier, Loyola* erfolgt die Auflösung des Subjekts noch in Begrifflichkeiten des Theaters und der Szenographie,[47] verliert sich folglich in einer unendlichen Zahl an Inszenierungen, die sich an keinen einzelnen, zentral gestellten Sinnkern und schon gar nicht an eine Auto*r*-Biographie anlagern können. Jegliche Statik löst sich in den Bewegungen der Körper disseminierend auf – denn nicht umsonst wird die Theoriemetapher der »Dissemination« im Zeichen des »Göttlichen Marquis« wörtlich genommen (SFL, OC II, 1043; vgl. SFD, 10).

Hatte Barthes in *Am Nullpunkt des Schreibens* die tragische Situation des Schriftstellers damit umschrieben, aus der ihn erdrückenden Tradition selbst das Neue erbauen zu müssen, so hatte er in seinen *Mythologien* dagegen den Sprachendiebstahl gesetzt, insofern dem Diebstahl, den der Mythos verübe, nur entgehen könne, wer selbst den Mythos stehle. In *Sade, Fourier, Loyola* setzt Barthes der Feststellung, dass es »heute keinen Ort der Sprache [gebe], der außerhalb der bürgerlichen Ideologie wäre«, wiederum eine Taktik entgegen, die »weder Angriff noch Zerstörung, sondern ganz einfach der Diebstahl« ist: »den alten Text der Kultur, der Wissenschaft, der Literatur fragmentieren und dann seine Merkmale bis zur Unkenntlichkeit disseminieren, so wie man gestohlenes Gut kaschiert« (SFL, OC II, 1045 f.; vgl. SFD, 14 f.). Oder wie es noch radikaler im abschließenden Essay des Bandes (»Sade II«) heißt: »Besteht die beste aller Subversionen nicht darin, die Codes zu defigurieren (*défigurer*), anstatt sie zu zerstören?« (SFL, OC II, 1129; vgl. SFD, 141)

Die schier unendliche Sequenz von Körperstellungen im Werk des göttlichen Marquis wird in Barthes' Text zu einer strukturalistisch inspirierten Kombinatorik, die unterschiedliche soziologische Parameter der in Sades Texten vorkommenden Population inkorporiert. Es gehe dabei nicht um eine wie auch immer geartete Realität, sondern um ein Universum der Diskurse: stets auf der Seite der Semiosis, niemals der Mimesis (SFL, OC II, 1065; vgl. SFD, 44). Auch Ignatius von Loyola sei es letztlich um die »Erfindung einer Sprache« gegangen (SFL, OC II, 1075; vgl. SFD, 59). Wie Sades sind auch Loyolas *Exerzitien* in strukturalistische Bäumchenschemata übersetzbar, ohne dass daraus die Erfassung einer Totalität abgeleitet würde. Das Schweigen Gottes werde dabei zum vollen Zeichen umgedeutet, so dass es dem Heiligen möglich werde, die drohende Leere in eine Fülle zu verwandeln (SFL, OC II, 1093; vgl. SFD, 88).

In seiner Untersuchung von Fourier setzt Barthes bei dessen »Lustkalkül (*calcul de plaisir*)« (SFL, OC II, 1099; vgl. SFD, 95) an und geht von einem die Moderne charakterisierenden Verlust der Lust aus, um diesen Verlust dadurch wettzumachen, dass die Lust wieder zu einer Dimension des Textes (und damit des Lebens) wird. Erst die Lust ermögliche in Fouriers Schreiben jenes freie Spiel der Signifikanten, das umgekehrt auch eine lustvolle Lektüre möglich mache (SFL, OC II, 1103 f.; vgl. SFD, 101 f.). Einmal mehr ist die leserseitige Akzentuierung unüberhörbar, die aus methodologisch anderer Blickrichtung fast gleichzeitig von Seiten der deutschen Rezeptionsästhetik eingefordert wurde: Der Geburt des Lesers folgt die Lust des Lesers.

Bei dem utopischen Sozialisten finde man, so Barthes in der Folge, kein System, sondern nur das »Spiel eines Systems« in Form einer »offenen, unendlichen Sprache« jenseits des referenziell Bindbaren (SFL, OC II, 1119; vgl. SFD, 127). Gegen diese mimetische Rückbindung an das Außersprachliche aber setzt Barthes den »Goldstaub des Signifikanten« (SFL, OC II, 1119; vgl. SFD, 127). Eine flirrende Ästhetik des *signifiant* aus dem Eldorado damaliger Theorie, der französischen Hauptstadt Paris.

Das Eigen-Leben der Sade'schen Figuren, deren Körperstellungen sich in Anakoluth oder Asyndeton, Metapher oder Metonymie und damit in die Wort- und Gedankenfiguren der von Barthes untersuchten Rhetorik fügen, eröffnet einen Bewegungsraum, für den im Grunde eine neue *grammaire narrative* (SFL, OC II, 1143; vgl. SFD, 165) geschaffen werden müsste. Die Kette der Körper in Sades Sequenzen formiert sich zu Figuren einer Freiheit, deren Kombinatorik zum Kompositionsprinzip eines Schreibens wird, welches Schreiben weder vom Lesen noch vom Leben abtrennt. Wie sehr sich nicht allein eine intime Beziehung des Körpers zum Schreiben, sondern – der Doppelbedeutung von *écriture* folgend – auch zur Schrift ergibt, hat Roland Barthes in einem 1973 verfassten, aber erst postum veröffentlichten Text mit dem Titel *Variationen über die Schrift* erkundet.

Ohne an dieser Stelle ausführlich auf diese lange Zeit unbekannt gebliebene Studie eingehen zu können,[48] sei hier zumindest darauf verwiesen, dass in den *Variations* die Beziehung zwischen Körper und Schrift an ein intensives *Erleben* des eigenen Körpers rückgekoppelt wird, gehe es doch »um einen Druck, einen Trieb, ein Gleiten, einen Rhythmus: um eine Produktion, nicht um ein Produkt, um eine Wollust, nicht um eine Verstehbarkeit« (OC II, 1562; vgl. V, 147). Der Text zielt auf die Skription, auf die Wollust des körperlichen Schreib*aktes*, des Kritzelns, Kratzens und Krakelns. Doch auch auf Leserseite komme bei diesem Akt der Körper unvermeidlich »ins Spiel«, gehe er doch »durch die Kehle, den Kehlkopf, die Zähne, die Zunge, durch den Körper in seiner Dichte an Muskeln, Blutbahnen, Nervensträngen« (OC II, 1565 f.; vgl. V, 163). Schreibakt und Leseakt ergänzen, erotisieren und durchdringen sich wechselseitig. Eine im Körperlich-Leibhaftigen fundierte lebendige Ästhetik der Lust zeichnet sich ab. Barthes' Schiffchen Argo steuerte nun die Lust auf direktem Wege an.

Die Lehre der Lust

Am Ende des zweiten Teils dieser Einführung muss nun noch ein auf den ersten Blick eher schmaler Band vorgestellt werden, in dem sich jedoch alle Meridiane, alle Kraft- und Lebenslinien des gesamten Schaffens von Roland Barthes bündeln und überschneiden: *Die Lust am Text*. Denn man darf ohne jede Übertreibung behaupten, dass sich in diesem 1973 wie stets bei Seuil erschienenen Buch nicht nur im retrospektiven Sinne die entscheidenden Aspekte, Begriffe, Diskurse und Fragestellungen der 1940er, 1950er und 1960er Jahre reflektieren, sondern sich zugleich auch in einem prospektiven Sinne die Perspektiven für jene künftigen Entwicklungen vorgezeichnet finden, die das letzte Lebensjahrsieht des Barthes'schen Schreibens charakterisieren. *Le Plaisir du texte* ist ein Mikrokosmos, in dem das Denken von Roland Barthes in ästhetisch verdichteter Form in seiner ganzen Bewegung zum Ausdruck kommt.

Dies gilt auch und gerade für den Begriff des Textes, der – wie wir sahen – spätestens seit der zweiten Hälfte der 1960er Jahre zum entscheidenden Term der literatur- und kulturtheoretischen wie der philosophischen Debatten wurde. Es dürfte kaum eine berühmtere und wirkmächtigere Definition des Textbegriffs im Umfeld jenes Denkens gegeben haben, welches vielleicht zum letzten Mal die hegemoniale Stellung von Paris innerhalb der Weltkarte eines globalen intellektuellen Feldes markierte, als jene, die in einer Geschichte von Strukturalismus und Poststrukturalismus ebenso wenig fehlen darf wie in einer Darstellung von Texttheorie, Postavantgarde oder gar Postmoderne:

»*Text* heißt *GEWEBE*; während man dieses Gewebe aber bislang immer für ein Produkt, einen fertigen Schleier gehalten hat, hinter dem sich, mehr oder minder verborgen, der Sinn (die Wahrheit) befindet, betonen wir jetzt beim Gewebe die generative Vorstellung, daß sich der Text durch ein ständiges Verflechten selbst verfertigt und bearbeitet; in diesem Gewebe – dieser Textur – verloren, löst sich das Subjekt auf, einer Spinne gleich, die in die konstruktiven Sekretionen ihres Netzes aufginge. Würden wir Neologismen lieben, so könnten wir die Texttheorie als eine *Hyphologie* definieren (*hyphos* ist das Gewebe und das Spinnennetz).« (P, OC II, 1527; vgl. LT, 80)

Zweifellos handelt es sich bei diesem Mikrotext der Figur »Théorie«, der vierundvierzigsten von insgesamt sechsundvierzig Figuren, die den durchdachten Aufbau von *Die Lust am Text* bilden, um ein Mikrotheorem, wie es für die archipelische Schreibweise von Roland Barthes charakteristisch ist. In einschlägigen

Darstellungen und Interpretationen wurden diese geschliffenen, theoriegesättigten Wendungen stets als Paradebeispiele für die Tilgung und Löschung des abendländischen Subjekts, für den Tod des Autors, für die Austreibung und *Vertreibung* des »westlich« gefassten Begriffs des Individuums aus dem (literarischen wie auch theoretischen) Text angeführt.

Gewiss mit guten Gründen. Denn in der komplexen Verschränkung der nietzscheanischen Geste des »Wen kümmert's, wer spricht« einerseits und einer von Julia Kristeva in die Intertextualität entsubjektivierten Dialogizität Bachtin'scher Prägung andererseits brachte Roland Barthes in *Die Lust am Text* allem Anschein nach eine *théorie du texte*[49] auf den Punkt, die sich endlich des ihr längst überdrüssig gewordenen logozentrischen Subjektbegriffs entledigt zu haben meinte. Wie komplex und widersprüchlich diese Entwicklung war, muss hier nicht noch einmal ausgeführt werden. An die Stelle des Subjekts trat nun »endgültig« der Text, an die Stelle der Intersubjektivität eine Intertextualität, die Barthes (noch) im Orbit von *Tel Quel* von Julia Kristeva übernahm und in auf das Leben bezogener Weise hintergründig radikalisierte. Schreiben ist, wie Barthes dies bereits 1966 wirkungsvoll formulierte, als ein intransitives Verb (OC II, 973-980; vgl. RS, 18-28) zu verstehen.

Bisherige Deutungen der obigen Passage haben daher stets auf die überragende Bedeutung einer in Auflösung befindlichen oder schon aufgelösten Subjektivität innerhalb dieses Mikrotextes hingewiesen. Einer derartigen Darstellung kann durchaus zugestimmt werden, ist diese Aufgabe des Subjekts doch mit einer Aufgabe des Subjektbegriffs gekoppelt und sucht sie doch ganz im Sinne Julia Kristevas, einer von der Figur des Autors zentrierten Werkmetaphorik die Vorstellung einer Produktivität namens Text entgegenzustellen und mit dem von Barthes so öffentlichkeitswirksam formulierten Theorem vom »Tod des Autors« (mit dem dieser zweite Hauptteil begann) zu verknüpfen. So scheint dieser Mikrotext längst zur Genüge »ausgedeutet«. Doch dieses Theoriekonzentrat hat es in sich.

Barthes hatte Anfang der 1970er Jahre schmerzhaft feststellen müssen, dass die in den Pariser Debatten rund um die Zeitschrift *Tel Quel* geschmiedete Texttheorie, die sich allen traditionell am Autorsubjekt ausgerichteten Ästhetiken sowie (im Sinne Jacques Derridas[50]) logozentrischen Subjektphilosophien entgegenstellte und diesen eine unendlich offene, von *différences* und *différances* geprägte Textualitätsauffassung entgegenhielt, rasch zu einer Orthodoxie, zu einem Textualitätsdogma, verkommen war. Daher ging sein Text – wenn auch klammheimlich und gleichsam kryptographisch – weit über eine rein texttheoretische Perspektive hinaus.

Denn in den wenigen Zeilen dieses Mikrotextes wird nachweislich eine die Verkettungsmetaphorik überbietende Text- und Gewebemetaphorik in eine komplexe Metaphorologie des Netzes überführt, wobei die sich auflösende Spinne dem Netz zusätzlich eine organizistische, durchaus lustvolle und vor allem *lebendige* Strukturierung verleiht, die biologisch zwar nicht haltbar, metaphorologisch aber überaus fruchtbar ist. Die Spinne speist in ihrem Auflösungsprozess, in ihrem Schwinden und Verschwinden, Leben und Lebenskraft in den Text ein. Genau dies unterscheidet diese Formulierung von jener, die Barthes – wie wir sahen – noch in *Sade, Fourier, Loyola* mit seiner Rede vom Szenographen gewählt hatte, der sich im Text seiner eigenen Verstrebungen und Konstruktionen selbst verloren habe (SFL, OC II, 1043; vgl. SFD, 10). In *Die Lust am Text* aber löst sich eine Spinne in ihr Netz auf: Das Netz lebt, es ist Leben im Netz.

Die Metaphorologien dieses Mikrotextes sind höchst aufschlussreich. Auf einer ersten Stufe stoßen wir auf die Sprachwissenschaftlern höchst vertraute Vorstellung von einer (Satz-)

Kette, mit deren syntagmatischen und paradigmatischen Dimensionen sich der Strukturalist Roland Barthes seit den 1950er Jahren immer wieder sehr intensiv auseinandergesetzt hatte. Die sich auf einer zweiten Stufe anschließende Vorstellung von einem Gewebe führt uns von dieser strukturalistischen (und eher abstrakten) Zweidimensionalität zu einer stärker materialhaft anmutenden *verfertigten* Dichte. Nicht umsonst betonte Barthes in seinen Studien der Theaterpraxis Bertolt Brechts die Sinnlichkeit der bearbeiteten Stoffe und Materialien, die mit der Präsenz ihrer Kettfäden und Schussfäden zumindest eine Dreidimensionalität, vor allem aber eine Bewegung assoziiert, welche ihrer Verfertigung in viel stärkerem Maße innewohnt als der simplen Aufreihung der Glieder einer Kette. Barthes dürfte geahnt haben, wie weitreichend die von ihm vorgenommene metaphorologische Umbesetzung und Erweiterung bereits auf dieser Ebene war.

Auf einer dritten Stufe gelangen wir schließlich zum Theorem und Philosophem eines Netzes, in dem es keine durchgängigen Fäden wie in einem Stoff oder einem Teppich mehr gibt, sondern eine Vielzahl zusätzlicher Verknotungen und Verknüpfungen, die in einer nicht länger geraden und gerichteten Relationalität *vieldimensional* alles mit allem zu verbinden vermögen – unabhängig davon, ob es sich (wie bei einem Spinnennetz) um ein zentriertes, um ein polyzentrisches oder um ein von keinem Punkt aus mehr kontrollierbares lebendiges, gleichsam mangrovenartig verschlungenes und sich ausbreitendes Gebilde handelt. Hier sind wir vom ursprünglichen Stoffgewebe weit entfernt, von dem am Anfang des Mikrotextes die Rede gewesen war.

Von entscheidender Bedeutung ist aus dem hier gewählten Blickwinkel in den genannten Umbesetzungen die Vitalität, die Lebendigkeit eines derartigen Netzes, die durch ein lebendiges Wesen animiert wird, das seine Lebhaftigkeit und Leibhaftigkeit, aber auch – so ließe sich hinzufügen – sein gesamtes Wissen vom Leben im Leben kraft der eigenen Auflösung ins Netz einzuspeisen vermag. Metaphorologische Glasperlenspiele?

Es geht in diesem Mikrotext, in dieser Mikrotheorie, um weit mehr als um die gedrängte Formulierung eines poststrukturalistischen Theorems. Denn die Entfaltung einer lebendigen Netzmetaphorik vermag uns eine plastischere, sinnlichere Vorstellung davon zu geben, wie sich die literarisch so produktive und von den längst überkommenen vitalistischen Erklärungsmustern der Zeit angeregte Idee der Lebenskraft[51] für die Literatur wie für die Literaturtheorie im Zeichen einer lebendigen Relationalität und aus einem Verständnis von Literaturwissenschaft als Lebenswissenschaft heraus auf neue Weise entwickeln ließe. An die Seite einer derartigen Lebenskraft ließe sich die Rede von jener *force de toute vie vivante* stellen (L, OC III, 814; vgl. LL, 69), die in der Antrittsvorlesung vom 7. Januar 1977 fast *en passant* Erwähnung fand.

Könnte man den Roland Barthes der beginnenden 1970er Jahre befragen, ob es eine Lebenskraft der Literatur geben könne und worin sie, eine Bejahung der Frage vorausgesetzt, bestehen würde, so wäre seine Antwort wohl ganz einfach: Lust. Denn das *plaisir du texte* lässt sich – wie man das Titelfraktal des Barthes'schen Bandes von 1973 deuten und übersetzen könnte[52] – im Kontext verschiedener Logiken (und literaturtheoretischer Traditionen) als die Lust am Text, die Lust des Textes, die Lust vom Text oder die Lust im Text perspektivieren und mit jener experimentellen Kategorie der ästhetischen Kraft[53] in Bezug setzen, die auf die spielerische Vervielfachung des Sinns und der Sinne setzt. Denn das Leben im Netz – das im Übrigen keiner Rückbindung an einen abendländischen Subjektbegriff mehr bedarf – bedeutet nicht zuletzt, dass Sinnbildungsprozesse nicht ein für allemal fest-gestellt, zu einem Stillstand gebracht werden können. Literatur fällt weder mit dem Leben zusammen, noch ist sie vom Leben getrennt: In Literatur aber – und die Literaturtheorie hat dies während zu langer Zeit einfach ausgeblendet – steckt stets Leben. Dies führt der Barthes'sche Mikrotext mit seinem Neologismus der »Hyphologie« vor Augen.

Die eigentliche Lebenskraft der Literatur aber wäre dann diese: ihr Vermögen, unterschiedlichste Deutungen nicht nur zuzulassen, sondern sie auf immer anderen Wegen des Zusammenspiels mit Kontexten oder Kotexten, mit Intratexten oder Intertexten hervorzubringen und unendlich umzugestalten. Die Lebenskraft der Literatur wäre folglich ihre Fähigkeit, durch die Vervielfachung des Sinns den Sinn, durch die Vervielfachung der Deutungen die Deutung, durch die Vervielfachung der Wahrheiten die Wahrheit niemals zur Ruhe kommen zu lassen. Oder anders: Sie wäre ihre ästhetische Kraft, lebendig und lustvoll die Literatur wie ihre Leserinnen und Leser in ständiger unsteter Bewegung zu halten. Wir hatten zum Auftakt dieses Bandes gesehen und wiederholt betont, dass Roland Barthes in seiner Antrittsvorlesung von 1977 diesbezüglich von »jener Kraft allen lebendigen Lebens« (L, OC III, 814; vgl. LL, 69) sprach.

Die Lust am Text siedelt sich zwischen Sade und Sollers, Bataille und Proust, Lacan, Kristeva und immer wieder Nietzsche an und lässt sich strukturell als Mobile von Figuren begreifen, die sich gemäß ihrer Titel alphabetisch anordnen. Die Mikrotexte, vor allem aber Mikrotheoreme sind oft fraktaler Natur, bauen folglich auf Strukturen der *mise en abyme* auf, die von kleinsten Texten her selbst Makrostrukturen zu erfassen suchen. Verschiedenste Logiken werden komplex miteinander verbunden, viellogische Beziehungsgefüge werden erprobt, wobei von der ersten Figur an Lust (*plaisir*) und Wollust (*jouissance*), in denen sich ganze Theoriekomplexe mit Körperlogiken verschränken, eine besondere Rolle zukommt. So heißt es in einem Mikrotheorem am Ende von Figur 8 (»Körper«) pointiert: »Die Lust am Text, das ist jener Augenblick, in dem mein Körper seinen eigenen Ideen folgt – denn mein Körper hat nicht dieselben Ideen wie ich.« (P, OC II, 1502; vgl. LT, 27)

Dabei werden nicht nur Körper und Text oder Philosophie und Physiologie, sondern auch Literatur und Leben in komplexe Vielbezüglichkeiten eingebaut. In Figur 22 etwa griff Barthes unter dem Titel »Inter-texte« auf den von Julia Kristeva geprägten Begriff zurück, um ihn auf den von ihm stets bewunderten Romanzyklus von Marcel Proust anzuwenden und ihn sogleich wieder auf das Alltagsleben zu öffnen:

»Ich schwelge im Reich der Formeln, in der Umkehrung der Ursprünge, in der Ungezwungenheit, die den früheren Text vom späteren Text herkommen läßt. Ich begreife, daß das Werk von Proust, zumindest für mich, das Referenzwerk ist, die allgemeine *Mathesis*, das *Mandala* der gesamten literarischen Kosmogonie – ganz so, wie es die Briefe der Madame de Sévigné für die Großmutter des Erzählers, wie es die Ritterromane für Don Quijote waren usw.; dies heißt nun mitnichten, daß ich ein Proust-»Spezialist« wäre: Proust kommt mir ganz einfach, ich rufe ihn nicht; er ist keine »Autorität«; er ist ganz einfach *eine zirkuläre Erinnerung*. Und eben dies ist der Inter-Text: die Unmöglichkeit, außerhalb des unendlichen Textes zu leben – sei dieser Text nun Proust oder die Tageszeitung oder der Fernsehbildschirm: Das Buch macht den Sinn, der Sinn macht das Leben.« (P, OC II, 1512; vgl. LT, 48 f.)

Die Rekurrenz des französischen Lexems *vivre / vie* (leben / Leben) am Ende des gesamten Mikrotextes zeigt es, auch wenn dies oft überlesen wurde, unübersehbar an: Die Begrifflichkeit der Intertextualität ist bei Barthes gewiss nicht an die Existenz eines Subjekts, wohl aber an die Präsenz des Lebens und des Lebendigen gebunden. Ließ sich das Leben des Textes in der Figur

»Théorie« nicht stillstellen, so ist der Text in der Figur »Intertexte« niemals an ein Ende zu bringen. Das Textuelle kann letztlich alles sein; entscheidend aber ist – und eben hierin besteht ein Spezifikum des Barthes'schen Denkens –, dass über die Erzeugung von Sinn (und Sinnlichkeit) die Verbindung zum Leben hergestellt und zugleich die Unmöglichkeit betont wird, dem Text als Leben wie dem Leben als Text, aber selbstverständlich auch dem Leben im Text entgehen zu können. Dies bedeutet nicht nur, dass Leben im Text ist, sondern auch, dass Leben stets ein Leben im Text – gewiss auch im Text der Kultur – miteinschließt.

Prousts Suche nach der verlorenen Zeit markiert wie ein Wasserzeichen die Barthes'schen Seiten, speist immer wieder die Struktur einer Suche nach einem verlorenen Paradies der Präsenz von Sinn und Sinnen ein. Und weiter ließe sich der Anspruch der Literatur, zugleich aber auch der Anspruch auf eine ganze »Welt im Text«, gewiss nicht treiben. Es ist die Fähigkeit der Literatur, die ganze Welt fraktal in einem einzigen Werk zu versammeln.

Zugleich ist im Zitat aus Figur 22 eine starke Anbindung an die Fiktion eines Ich auffällig, das wir selbstverständlich nicht mit dem textexternen, »realen« Verfasser identifizieren oder ineins setzen sollten. Denn die *figura*[54] ist die List, deren sich Barthes bedient, um Literatur choreographisch in Bewegung und im Leben zu halten, ohne dass sie doch mit dem Leben gleichgesetzt werden könnte. Sie ist bei Barthes stets eine *figura vitae* – und in diesem Mikrotheorem mit dem lebendigen Kosmos in seiner Ganzheit verknüpft.

Identifizierbare philosophische Architekturen, literaturtheoretische Begriffe oder literarische Verfahren durchziehen den gesamten Text, ohne dass dieser Text in seiner Gesamtheit gattungsspezifisch eindeutig zu verorten wäre. Der Text entwirft eine Ästhetik der Lust, wobei er die Lust am Ästhetischen und dessen Widerständigkeit zum Ausgangspunkt macht. Mit größter Radikalität wird eine Lehre entfaltet, die aus keiner Fülle schöpfen kann, die in ihrer Suche aber höchst produktiv ist, weil der Text lehrt, was er (noch) nicht weiß. *Die Lust am Text* greift auf die archipelischen Schreibversuche der 1940er, auf die ideologiekritischen und körperlogischen Arbeiten der 1950er, auf die semiologischen Polysemien der 1960er Jahre zurück, um eine neue Kraft der Ästhetik zu entfalten, welche das Textualitätsdogma durch Fiktionen von Subjekten, durch Friktionen von Leben unterspült. Ein von Gilles Deleuze und Pierre Klossowski her gelesener Friedrich Nietzsche prägt Schreib- und Denkstil dieser Kürzesttexte auf grundlegende Weise. Nietzsche ist für Barthes nicht nur Lebensmittel, sondern Gegengift gegen die Theoriedominanz der *telqueliens*. Sein Schreiben bildet das Modell nicht nur für die Verknüpfung von Philosophie und Literatur, sondern von Textualität, Lust und Leben.

In *Die Lust am Text* kritisiert Barthes scharf, dass in der zeitgenössischen Theorie und Philosophie allein dem Begehren (*désir*), nicht aber der Lust ein epistemologischer Status zuerkannt werde (P, OC II, 1524; vgl. LT, 74) und ansonsten Lustunterdrückung, gerade auch von politisch linker wie von psychoanalytischer Seite herrsche (P, OC II, 1523; vgl. LT, 73). Mit Blick auf eine noch zu schaffende Lehre von der Lust erkannte Barthes der Stimme – wie schon in *S/Z*, wo sich das Subjekt im Stimmengewirr auflöste – eine enorme Bedeutung zu.

Daher verwundert es nicht, dass die sechsundvierzigste und letzte Figur den Titel »Stimme(n)« (*Voix*) trägt. Denn Körper und Stimme bieten Barthes die Gelegenheit, jedwedem enkratischen (an der Macht befindlichen) Diskurs einen akratischen (die Macht bekämpfenden) Diskurs nicht im Sinne eines Gegensatzes, sondern einer viel-logischen Verstellung entgegenzusetzen. Eine »Ästhetik der Textlust« ist folglich ohne ein lautes Schreiben, eine *écriture à haute voix* (P, OC II, 1528; vgl. LT, 83) nicht vorstellbar. Und ist nicht in diesem Schreiben der Schrei, in dieser *écriture* noch der *cri* vernehmbar? Hatte Barthes nicht in einem Nachwort zu einem Roman Jean Cayrols 1964 geschrieben, »daß die Stimme, löst man sie von ihrer Quelle, stets eine Art fremder Vertrautheit« begründet und dass sie eine »Substanz des menschlichen Lebens« sei, »an deren Ursprung es stets einen Schrei und an deren Ende es ein Schweigen« gebe? »Zwischen diesen beiden Augenblicken«, so Barthes, »entwickelt sich die zerbrechliche Zeit eines Sprechens; als eine flüssige und bedrohte Substanz ist die Stimme das Leben selbst.« (OC I, 1433; vgl. RS, 210)

Hören wir also diesen Schrei, die Stimme als die Substanz des Lebens, in der Theorie, in der Philosophie, in der Literatur des Roland Barthes. Im Schrei kommt das Schreiben leibhaftig zu sich, wobei es sich zugleich einer absolut gesetzten Textualität entzieht. Eros und Logos finden und erfinden eine neue Sprache der Theorie. Am Ende von *Die Lust am Text* klingt ausgehend von einer »von Haut überzogenen Sprache« und »einem Text, in dem man das Korn der Kehle, die Patina der Konsonanten, die Lüsternheit der Vokale, eine ganze Stereophonie, die tief ins Fleisch reicht« (P, OC II, 1528; vgl. LT, 83), eine sinnliche, materialistische Ästhetik der Lust an, die ihren eigentlichen Höhepunkt im *excipit* am Lustort Ohr erreicht:

»In der Tat genügt es schon, wenn das Kino den Klang des Sprechens *aus größter Nähe* aufnimmt (dies ist im Grunde die generelle Definition des ›Korns‹ des Schreibens) und in ihrer ganzen Materialität, in ihrer Sinnlichkeit, den Atem, die Rauheit, die Fleischlichkeit der Lippen, die ganze Präsenz der menschlichen Schnauze hören läßt (die Stimme, das Schreiben, sie müssen nur frisch, schmiegsam, eingefettet, fein gekörnt und vibrierend sein wie die Schnauze eines Tieres), und schon gelingt es ihm, das Signifikat in weite Ferne zu rücken und den anonymen Körper des Schauspielers sozusagen in mein Ohr zu werfen: Das körnt, das knistert, das streichelt, das schabt, das schneidet: das lüstet.« (P, OC II, 1529, vgl. LT, 84)

Die Lust entsteht nicht nur aus der Umsetzung des Körpers in die Graphie, sondern vor allem aus der Realisierung der Schrift durch die Stimme eines Körper-Leibs, der in einem materiellen und auch in einem erotischen Sinne voller Leben steckt und den *Texte de la Vie* lebendig werden lässt: Vibrationen des Lebens in einer Ästhetik sich endlos verlautender Lust. Und eine Stimme des Lebens, die LebensZeichen und LebensLust in einem, vor allem aber Lebenskraft in einem elementaren Sinne ist: *la force de toute* vie vivante als ein Sich-Vergessen im Vergessen des Anderen.

3. Das Alter des Verlernens: Von »Roland Barthes von Roland Barthes« bis »Die helle Kammer«

Nuancen des Lebens und gelebte Theorie

In seiner Vorlesung über »Das Neutrum« hat Roland Barthes in der Sitzung vom 18. Februar 1978 am Collège de France die Verbindungen zwischen seiner Suche, seinem Forschen, und dem Leben wie der Literatur sehr pointert zum Ausdruck gebracht:

»Was ich bei der Vorbereitung meiner Vorlesung suche, das ist eine Einführung zum Leben (*introduction au vivre*), einen Lebensführer (*guide de vie*) (ein ethisches Projekt): Ich will im Sinne der Nuance leben. Es gibt aber eine Meisterin der Nuancen, die Literatur: versuchen, im Sinne der Nuancen zu leben, welche mich die Literatur lehrt [...].« (LN, 37; vgl. DN, 40)

Die intime Verklammerung von Literatur und Leben erfolgt bei dieser Reflexion über eine Lehre, die sich zugleich auch als Suche nach einer Lebenslehre umschreibt und begreift. Dabei geht es nicht um eine Übertragung der Literatur im Maßstab eins zu eins auf das Leben. Als *introduction au vivre*, als Einführung in den Verlaufsprozess des Lebens, wird diese Lehre für Andere aber zu einer Lehre für das Ich selbst, insofern die Vorlesung als Anleitung zu einem Leben dient, das im Zeichen der Nuance steht oder stehen soll. Wenn wir die Nuancierung hierbei als eine ständige und unabschließbare leichte Veränderung, sanfte Verschiebung und geschickte Modifikation verstehen, wird deutlich, welche Wendung hier dem Lebensbegriff gegeben wird: *Lebendig* ist er allein, wenn wir ihn als niemals zur Ruhe kommende Verschiebung, Verstellung und Verwandlung denken.

Wie keine andere Wissensform aber ist die Literatur in der Lage, diese kleinen, zunächst unscheinbaren Bewegungen, diese Tropismen des Deutens wie des Verhaltns, nicht in eine Disziplinierung zu überführen, sondern in ihrer radikalen Offenheit immer weiterzuentwickeln. Literatur wird in dieser Passage gerade dadurch mit dem Leben verbunden, dass sie keinen ein für allemal gegebenen festen Standpunkt bezieht, von dem aus eine ganze Totalität erfasst und eine umfassende Weltanschauung entwickelt werden könnte, sondern dank ebenso ständiger wie unsteter Abwandlungen, Blick- und Positionswechsel einen Parcours durchläuft, der jener des Lebens ist. Literatur ist nuancenreich und viellogisch – wie das Leben selbst. Sie kann daher zum Erprobungsraum des Lebens werden.

Als Ethik, als Lehre vom guten Leben, steht die Literatur damit nicht für Fest-Stellungen und Brüche, sondern für Frei-Stellungen und Bewegungen ein. Die Lebenskraft der Literatur liegt gerade nicht in der Veranschaulichung und Durchsetzung eines *bestimmten* Standpunkts, sondern in ihrer Anlage als das Mob*i*le und Mobile eines Wissens, das sich in der Literatur nie anders als auf dem Weg, nie anders als in Bewegung zu begreifen vermag. Die Nuance ist ihre Welt.

Diese unablässige Verschiebung, Verstellung und Veränderung wird bereits im Titel der 1975 erschienenen experimentellen Autobiographie *Roland Barthes par Roland Barthes* vor Augen geführt. Die identische Wiederholung des Namens »Roland Barthes« führt gerade nicht zu einer fest-gestellten Identität, sondern erzeugt –

ganz im Sinne der Philosophie Jacques Derridas – eine Differenz und Differierung, da die Wiederholung des Selben im Ergebnis die Entstehung eines Anderen erzeugt. Der zweite »Roland Barthes« ist mit dem ersten nicht identisch, schon weil er diesen Namen – anders als der erste – wiederholt und eine durch das *par* geregelte Beziehung zu ihm aufbaut.

Insofern löst der Titel noch immer (und von Neuem) jenes von dem französischen Dichter Arthur Rimbaud geprägte Diktum *Je est un autre* (»Ich ist ein Anderer«) ein, bleibt aber bei dieser Formel auto-bio-graphischen Schreibens nicht stehen, sondern führt ein Subjekt-Objekt-Verhältnis im Titel ein, bei dem nicht nur das Subjekt ein Objekt erzeugt, sondern ein wechselseitiges Zeigungs- und Zeugungsverhältnis zwischen RB als schreibendem und RB als geschriebenem Autor entsteht. Barthes' Über-LebenSchreiben erweist sich so von Anfang an als Experiment eines Schreibens, in dem das Leben niemals an feste Subjekt- oder Objektpositionen zurückgebunden und fixiert werden kann. Es ist Leben im Text.

Die mikrotextuellen, archipelischen und zutiefst polylogischen, von verschiedenen Logiken zugleich durchzogenen Schreibformen, die bereits Barthes' erste Texte charakterisierten, finden sich in verdichteter, zugleich lustvoller und listiger Form in *Roland Barthes von Roland Barthes*. Immer wieder veränderte literarische und theoretische Verfahren dienen dazu, eine Art Eigen-Leben ins Gewebe und ins bewegliche Netz der Texte einzuspeisen. Theorie wird zur *figura vitae*, zur literarischen Form *gelebter Theorie*: durchaus im Sinne jener Überlegungen, die Michel Foucault dem Begriff der Theorie mit Blick auf Georges Canguilhem widmete:

»Daß der Mensch in einem architektonisch durchdachten Begriffsmilieu lebt, beweist nicht, daß er sich durch irgendein Vergessen vom Leben abgewandt oder daß ein historisches Drama ihn davon getrennt hätte; sondern nur, daß er auf eine bestimmte Weise lebt, daß er mit seinem Milieu in einer Beziehung steht, die nicht diejenige eines fixierten Blickpunktes ist, daß er beweglich ist auf einem undefinierten Territorium, daß er seinen Standort ändern muß, um Informationen einzuholen, daß er die Dinge in ihrem Wechselverhältnis bewegen muß, um sie nutzbar zu machen.«[55]

Aus diesem Blickwinkel ist *Roland Barthes von Roland Barthes* nicht einfach die Verbindung von Theorie und Literatur, die man zu Recht in dieser Abfolge von Figuren und Mikrotexten erkennen darf, sondern weit mehr noch jene stets von Neuem abgewandelte Spielfläche unendlicher Nuancierungen und Abwandlungen, auf der sich Wissenschaft und Literatur, Lesen und Leben in der Verdichtungsform einer Theorie vernetzen, die man nicht nur lesen, sondern leben kann. Barthes' neologismenfreudiges Schreiben prägt ständig neue Begriffe, die ein neues Begreifen anbieten, das lesbar, zugleich aber auch erlebbar und lebbar gemacht werden soll. Leben im Sinne der Nuance.

Dabei gelingt es Barthes in seiner experimentellen Autobiographie, in den (von ihm selbst vorgedachten und mitinitiierten) Zeiten des Textualitätsdogmas und der Verbannung des Subjekts, mithilfe neuer Begrifflichkeiten und Begriffsverschiebungen das Leben listig am Subjektbegriff vorbei wieder in den Text einzuschmuggeln. Selbst wenn der Autor (Roland Barthes) tot wäre: Der Leser (Roland Barthes) ist es nicht. Und so kann eine kleine handschriftliche Anmerkung geschickt ein Spiel von Subjekten und Objekten, von Photographien und Graphien unterschiedlichster Herkunft eröffnen, heißt es doch gleich zu Beginn: »All dies ist so zu betrachten, als hätte es eine Romanfigur gesprochen.« (RB, OC III, 81; vgl. ÜMS, 5) Barthes als Figur eines Romans von Barthes?

Das (eigene) Leben wird hier nicht auf den Begriff gebracht und vergegenständlichend festgestellt, sondern friktional – zwischen Fiktion und Diktion, Dichtung und Wahrheit springend – in Gang gehalten. So entsteht aus der Fiktion einer Fiktion eines Romans in *Roland Barthes von Roland Barthes* jene Friktion, mit der sich im Dreieck von Vorgefundenem, Erfundenem und Erlebtem ein Experimentierfeld ergibt, innerhalb dessen Barthes' Schreiben von Lebenswissen das Leben so mit der Literatur verbindet, dass sich das Lebendige in das Literarische einspeist, ohne als Literatur direkt auf das (autobiographische) Leben reduziert und damit definitiv fixiert werden zu können.

Die Theorie dynamisiert das Leben, gerade weil das Leben nicht auf Theorie reduzierbar ist und dergestalt ein Spannungsverhältnis entsteht. Doch auch die Literatur mobilisiert die Theorie, weil sie entfesselt, was die Theorie des Textes gerade erst gefesselt hat: an erster Stelle das Subjekt, das nun als Friktion in den Text wie in die Theorie zurückkehren darf. Barthes' textuelle List besteht darin, die Last abendländischer Subjektzentriertheit wie die Last avantgardistischer Textualitätsdogmatik so zu unterlaufen, dass sich die Lust daran entzünden kann, Literatur, Theorie und Leben weder klar voneinander abzutrennen noch miteinander ineinszusetzen. Auf dieser Ebene lässt sich *Roland Barthes von Roland Barthes* als konsequentes Weiterschreiben von *Die Lust am Text* begreifen.

Die List dieses EigenLebenSchreibens, dieses *LebensTextes* von Roland Barthes, besteht darin, sich nicht auf die Alternative von Wissenschaft oder Schreiben, Theorie oder Literatur, Schreiben oder Leben einzulassen, sondern durch spezifisch archipelische Textverfahren, mit denen er – wie wir sahen – bereits seit den 1940er Jahren experimentierte, eine Relationalität zu erzeugen, in der sich Literatur und Leben in gelebter (und dies heißt: in ständig weiter nuancierter) Theorie verbinden. In die so häufig selbstgestellte Falle, die uns stets zwingt, uns ohne Not für das eine *oder* das andere zu entscheiden, ist der Roland Barthes von Roland Barthes nicht getappt.

Dieser *Texte de la Vie*, zu dem der Anstoß wohl von Denis Roche und damit aus dem Hause Seuil gekommen sein dürfte,[56] stellte mit einem Abstand von gut zwanzig Jahren Barthes' Rückkehr in die Verlagsreihe »Ecrivains de toujours« dar, in welcher der junge Wissenschaftler seinen von ihm selbst stets sehr geschätzten[57] Band über *Michelet* veröffentlicht hatte. Auf die Biographie des Historikers folgte nun die Autobiographie des Literatur- und Zeichentheoretikers. In *Roland Barthes von Roland Barthes* bündeln sich fraktale autobiographische Schreibformen, die wir bereits in den Schriften der 1940er und 1950er Jahre bemerkt hatten, mit einer Selbstreflexivität des Theoretischen und Theoretisierens zu jener Selbstinszenierung einer gelebten Theorie, die sich nun, im Schreibakt, einem Erleben und Nacherleben öffnet. Aus Mikroerezählungen, Bildern und Zetteln entsteht ein Subjekt namens Roland Barthes. Schon 1971 hatte der Literatur- und Zeichentheoretiker in einem Interview betont: »Jede Biographie ist ein Roman, der seinen Namen nicht zu sagen wagt.« (OC II, 1307)

Die wechselseitige Verschränkung von Formen und Normen des Romanesken wie des Lebens findet sich pointiert in dem 1974 zunächst in Italien als Vortrag gehaltenen und nachfolgend in *Le Monde* veröffentlichten Text »Das semiologische Abenteuer«. Dort betonte der Semiologe, er könne sich nicht selbst »als ein *Bild*, die *Imago* der Semiologie, leben (*me vivre*)« (AS, OC III, 36; vgl. SA, 8). Die Semiologie sei »keine Wissenschaft, Disziplin, Schule oder Bewegung, mit der ich meine eigene Person identifiziere«, sondern vielmehr ein »Abenteuer« (AS, OC III, 37; vgl. SA, 8), das sich in drei Momenten abgespielt habe: einem ersten der Verwunderung und des Staunens, einem zweiten der

Wissenschaft oder *scientificité* und einem dritten des Textes, worunter Barthes offenkundig die Texttheorie verstand (AS, OC III, 37-39; vgl. SA, 8-11). Bücher aber habe er stets um der eigenen Lust willen geschrieben (und man könnte vielleicht hinzufügen: gelebt). Damit wählt Barthes eine gleichsam autobiographische Dimension, aus der die unterschiedlichen wissenschaftlichen Momente oder Phasen in eine Kontinuität eingerückt und als solche gelebt werden, ohne doch in ihrer Eigenlogik und Widerständigkeit getilgt zu werden.

Es ist kein Zufall, dass gerade in diesen Passagen die Rede vom *Texte de la Vie* (AS, OC III, 39; vgl. SA, 11) erscheint. Und es geht Barthes in diesen Periodisierungen auch weit weniger um eine retrospektive Anordnung eines Lebensweges, um die Memoria im Sinne einer Anordnung des Gelebten, als um eine prospektive Funktion. Sie soll von einer Bestimmung der aktuellen Position her perspektivisch einen Bewegungsraum künftigen Schreibens eröffnen, wie Barthes ihn ein Jahr später in der Tat in *Roland Barthes von Roland Barthes* als Schriftsteller und als Theoretiker, als »Romancier«, Philosoph und Wissenschaftler nutzen und leben wird.

Auch in seiner experimentellen Autobiographie findet sich unter der Überschrift »Phasen« ein strukturalistisch anmutendes Tableau, das sich in fünf Perioden gliedert und eine Abfolge von einem »Begehren zu schreiben« über »soziale Mythologie«, »Semiologie« und »Textualität« bis hin zur »Moralität« entfaltet, wobei der letztgenannten Phase bereits *Die Lust am Text* sowie der aktuelle Band von 1975 zugerechnet werden (RB, OC III, 205; vgl. ÜMS, 158). Gewiss werden hier ein Textkörper und dessen Geschichte im Rückblick konstruiert. Aber handelt es sich im Grunde nicht um ein Verfahren, das historische Gewordensein einem Historisch-Gewordensein zu überantworten, sich der Vergangenheit zu entziehen und die eigene Bewegung auf das künftig Schreibbare hin zu öffnen?

Die Findung und Erfindung eines Subjekts, wie sie *Roland Barthes von Roland Barthes* vorführt, wird mit einem Leben und Erleben dieser Figur, genauer: dieser Romanfigur gekoppelt, so dass die zahlreichen Photographien,[58] die Roland Barthes reihenkonform seiner Autobiographie mitgab, in einen autobiographischen Pakt miteinbezogen werden, der mit derselben Geste abgeschlossen und wieder aufgekündigt wird. Denn auch für die Photographien gilt, was unmittelbar vor ihrem Abdruck zu Beginn des Bandes handschriftlich hinzugefügt ist: »All dies ist so zu betrachten, als hätte es eine Romanfigur gesprochen.« (RB, OC III, 81; vgl. ÜMS, 5) Die gelebte Theorie schließt in ihrem Oszillieren ebenso das Leben der Theorie (mit den Seminaren und Vorlesungen, den Studierenden und Kollegen) ein wie eine Theorie des Lebens, in dem sich vom Gelebten und Erlebten aus keine kategoriale Scheidung von Vorgefundenem und Erfundenem begründen lässt. Das Subjekt ist als alles zentrierende Hegemonialmacht des Diskurses zwar verschwunden, hat aber einer friktional geschaffenen Subjektfigur Platz gemacht, die Leben in den Text bringt. Diese Figur mit dem textexternen Autor gleichzusetzen wäre ein grobes Missverständnis.

Die retrospektive Funktion der Memoria entfaltet das Leben dieser Subjektfigur daher stets so, dass dieses Leben aus dem Verlies der Vergangenheit und der Erinnerung herausgeführt und vergegenwärtigt, nacherlebt werden kann. Dabei dient die Anekdote, dienen einzelne Biographeme dazu, sich nicht auf die Kohärenz eines Subjekts, sondern auf die prospektive Kraft des Erlebten und Nacherlebbaren zu öffnen. So heißt es unter dem Titel »Eine Kindheitserinnerung« in einem Mikrotext, den man sehr wohl als Mikroerzählung auffassen darf:

»Als ich ein Kind war, wohnten wir in einem Viertel, das Marrac hieß; dieses Viertel war voller Häuser, die in Bau waren, und die Kinder spielten auf diesen Baustellen; große Löcher waren in den Lehmboden gegraben worden, um den Häusern als Fundament zu dienen, und eines Tages, nachdem wir in einem dieser Löcher gespielt hatten, kletterten alle Jungs wieder heraus, nicht aber ich, da ich es nicht schaffte; von der Oberfläche, von oben aus, hänselten sie mich: verloren! allein! beobachtet! ausgeschlossen! (ausgeschlossen zu sein, heißt nicht, draußen zu sein, sondern *allein im Loch*, eingeschlossen unter offenem Himmel: *ausgesperrt*); ich sah dann, wie meine Mutter gelaufen kam; sie zog mich da heraus und brachte mich weit weg von den Kindern, gegen sie.« (RB, OC III, 188; vgl. ÜMS, 132)

Dieses Zitat wurde nicht allein wegen seiner literarischen Qualität gewählt, insofern diese Mikroerzählung auf wenigen Zeilen und in einem einzigen Satz eindrucksvoll ein bestimmtes Biographem entfaltet, sondern weil dieses Biographem als explizite Kindheitserinnerung die friktionale Konstruktion einer Subjektfigur vorführt, die in diesem Falle in der ersten Person Singular als Doppelung von erzähltem und erzählendem Ich erscheint. Spannend ist diese Geschichte, weil sie Mechanismen der Exklusion vorführt, die nicht in einem simplen Ausgeschlossensein, sondern gerade in der Inklusion, dem zur Schau gestellten Eingeschlossensein münden und zusätzlich von einem theoretisierenden Ich kommentiert werden. Die Exklusion – dies führt der Text eindrucksvoll vor – exkludiert nicht nur, sondern inkludiert auf eine Weise, die in einem Eingeschlossensein vor aller Augen das eigentliche Ausgeschlossensein durchspielt. *perdu! seul! regardé! exclu!* – eine Grundsituation und mehr noch ein Phantasma des Barthes'schen Schreibens?

Sicherlich. Doch das erinnerte Ich wird nicht zufällig von der Mutter befreit, in der wir weniger die »reale« Henriette Barthes als vielmehr eine Mutterfigur erblicken dürfen, deren Funktion

– wie in der bereits angeführten Szenerie aus der Antrittsvorlesung von 1977 – die Schaffung von Bewegungsräumen ist, die einen Erkenntnisgewinn, ein zusätzliches Wissen im Kontext emotionalen Geborgenseins überhaupt erst ermöglichen. Die Mutter holt das erinnerte Ich aus dem Loch, aus dem sichtbaren Verlies und dem Verlassensein heraus. Der Zugewinn an Wissen aber wird im Schlussteil dieser Mikroerzählung vom erinnernden Ich in eine Theorie überführt, die man sehr wohl als Barthes' Theorem von Exklusion und Inklusion bezeichnen könnte. Dieses Mikrotheorem wird uns in der Form eines Lebenswissens präsentiert, insofern die Ich-Figuren etwas Gelebtes und Erlebtes repräsentieren, das dem (in der Erinnerung) Gefundenen wie dem (in der literarischen Form) Erfundenen erst seine viellogische Bedeutung zuweist.

Man könnte dies mit Niklas Luhmanns Überlegungen zu Inklusion und Exklusion in Verbindung bringen, wird dort doch vom Standpunkt der Systemtheorie aus eine einleuchtende Forderung erhoben: »Theorietechnisch ist ein Begriff nur zu gebrauchen, wenn er sichtbar macht, was er ausschließt.«[59] Was Barthes in seiner Mikroerzählung aber ästhetisch auf den Punkt bringt, ist die Einsicht, dass in jeder Begriffsbestimmung eine Gefahr insoweit lauert, als sie das Vieldeutige, das dem Narrativ eigen ist, gleichsam in seinem Loch belässt, um das, was sich bewegt, auf den Begriff bringen und damit feststellen zu können. »Un souvenir d'enfance« aber liefert beides in höchst verdichteter Form: das erzählte Leben und die auf den Begriff gebrachte Theorie. So wird mithilfe dieser in voller Länge wiedergegebenen Mikroerzählung aus einer räumlichen wie aus einer zeitlichen Distanz jene *gelebte Theorie* entfaltet, die auf den Begriff bringt, ohne doch zu fixieren und fest-zu-stellen. Man könnte dies als die Erprobung eines Verfahrens beschreiben, das inkludiert, um sogleich das dadurch Exkludierte literarisch wieder einzubinden.

Auffällig bei diesem Experiment ist, wie sehr das Narrative hier die (terminologische) Diskursivität an den Rand spielt: Der Theorie bleibt nur mehr der in Klammern gesetzte Raum, so dass von einer Beherrschung des Erzählten nicht gesprochen werden kann. Anders als etwa noch in den *Mythologien* wird nicht ein erster, literarischer Teil in einem zweiten, theoretischen Teil auf den Begriff gebracht und damit in ein geschlossenes Bedeutungssystem inkludiert. Man könnte bestenfalls von einer Art theoretischem Einschub sprechen, nach dessen Abschluss erst die Geschichte an ihr Ende geführt wird. Die Theorie hat nicht das letzte Wort.

Dies hat Folgen. Es sind die Nuancen, die im literarischen Text das Begriffliche zum Oszillieren bringen und zugleich jene viellogische Strukturierung sichtbar machen, mit welcher das Loch in der Erinnerung in ein Lebenswissen überführt wird. Dieses aber kann nur dadurch entfaltet werden, dass gleichsam ein *Verlernen* jenes Mechanismus eingesetzt hat, welcher der Theorie üblicherweise das letzte Wort erteilt. Hier aber wird jene wissenschaftliche »Selbstverständlichkeit« außer Kraft gesetzt, der zufolge jedes literarische Exemplum mit einer theoretisch-philosophischen Conclusio abzuschließen ist. Wir stoßen hier – wie an vielen anderen Stellen von Roland Barthes' Texten dieser letzten Schaffensphase – auf das Verlernen dessen, was man »natürlich« wusste oder weiß, um Raum für ein anderes, ein ästhetisch hervorgebrachtes Lebenswissen (das in dieser Mikroerzählung zweifellos auch ein ZusammenLebensWissen ist) zu schaffen. Gelebte Theorie verzichtet nicht auf Terminologie, bindet diese aber immer wieder ein ins Spiel der unabschließbaren Nuancierungen der Literatur. Nietzscheanisch gewendet ist dies die Neuerfindung der Theorie aus dem Geist der Literatur.

Verhören, Verlernen und Erleben des Künftigen

In diesem Zusammenhang ist die sich gleichzeitig in *Roland Barthes von Roland Barthes* fortsetzende behutsame Abwendung vom skripturalen Textmodell *Tel Quels* von erheblicher Bedeutung. So heißt es in dem Mikrotext »Die Echokammer«:

»Was ist er im Verhältnis zu den Systemen, die ihn umgeben? Eher eine Echokammer: Er gibt schlecht die Gedanken wieder, er folgt den Worten; er stattet Besuch ab, d. h. erweist seine Ehre den Vokabularien, er *ruft* Begriffe *an* und wiederholt sie unter einem Namen; er bedient sich dieses Namens wie eines Emblems (und praktiziert so eine Art philosophische Ideographie), und dieses Emblem entbindet ihn davon, das System vertiefen zu müssen, dessen Signifikant es ist (ein Signifikant, der ihm einfach nur ein Zeichen gibt). [...] Die ›mauvaise foi‹ kommt aus dem Sartreschen System und geht zur mythologischen Kritik über. ›Bourgeois‹ erhält das ganze marxistische Gewicht, geht jedoch immerfort zum Ästhetischen und zum Ethischen über. Auf diese Weise werden sicherlich die Wörter hin- und herbewegt, die Systeme kommunizieren miteinander, die Modernität wird ausprobiert (so wie man alle Knöpfe eines Radios ausprobiert, dessen Bedienung man nicht kennt), doch der Intertext, der hier geschaffen wird, ist buchstäblich *oberflächlich*: Es wird *liberal* zugestimmt: Der (philosophische, psychoanalytische, politische, wissenschaftliche) Name behält mit seinem Herkunftssystem eine Nabelschnur, die nicht abgeschnitten wird, sondern verbleibt: hartnäckig und schwimmend.« (RB, OC III, 151; vgl. ÜMS, 81)

In dieser Passage tritt an die Stelle wissenschaftlicher Präzision, wie sie sich im Raum der Textualität ausdrückt, eine Akustik, in der sich der Wissenschaftler – hier in der dritten Person Singular – beständig leicht verhört. Dies betrifft vor allem Begrifflichkeiten, die ständig in Bewegung geraten, weil sie zwischen verschiedenen ideologischen, theoretischen oder disziplinären Systemen hin- und hergeschoben werden. Terminologien und

Konzepte werden zu Namen, philosophische Systeme zu gut gefüllten Speichern von Signifikanten, die leicht geplündert und »umfunktioniert« werden können. Im Bild einer *modernité*, die wie ein unbekanntes Rundfunkgerät ausprobiert wird, erscheint der moderne Text als Experimentierraum, in dem sich Hören mit Verhören, nicht aber Horchen mit Gehorchen paart. Das Subjekt hat verlernt, was es vielleicht noch niemals richtig wusste. Das in »La chambre d'échos« praktizierte Verhören aber funktioniert wie ein Verlernen, das dem, was es gelernt hat oder lernen könnte, nicht mehr präzise nachgeht und gehorcht.

Schon in der Widmung von *S/Z* ging die Zirkulation von Texten auf der Ebene einer *écoute* im kollektiven Hörraum auf. Die akustische und zugleich körperliche Dimension ist in der gesamten Autobiographie präsent, erhält aber einen epistemischen Status dadurch, dass die in der Echokammer erzielte Unschärfe Freiräume schafft für etwas Neues, das zwar noch über eine Nabelschnur an bestimmte Ursprünge rückgebunden ist, zugleich aber die unterschiedlichsten Ursprünge miteinander vermischt und kombiniert, so dass sich in den Bewegungen zwischen den Begriffen, zwischen den Systemen immer neue Entwicklungsmöglichkeiten auftun. Im Spiel von Verstellungen und Verschiebungen aber wird das Verhören, wird das Verlernen prospektiv wertvoll. Oder anders: Das Verlernen öffnet einem neuen Lernen den Weg, da es den Freiraum für ein Wissen schafft, dessen Konturen sich erst abzuzeichnen beginnen. Eines aber ist gewiss: Es geht Barthes um ein Wissen, wie es von einer disziplinierten Wissenschaft aus nicht zu erreichen, nicht hervorzubringen ist.

Neben den längst legendär gewordenen und völlig überfüllten »großen« Lehrveranstaltungen Roland Barthes', die sein internationales Prestige auf eine sehr direkte Weise dokumentierten, pflegte der französische Theoretiker ebenfalls an der École pratique des hautes études beharrlich jene »kleine« Seminarform, in der es ihm um die Schaffung eines intimen Hörraums ging, der jene geradezu körperliche *écoute* ermöglichte, von der in vielen seiner Bücher und Aufsätze die Rede ist (vgl. OC II, 1471). Dieser Echokammer huldigte er selbstverständlich auch in *Roland Barthes von Roland Barthes*, indem er ein Photo der kleinen Gruppe der Seminarteilnehmer aufnahm und mit einer handschriftlichen Legende versah. Darin wird der »Raum des Seminars« als konkrete Utopie eines Fourier'schen *phalanstère* (RB, OC III, 225; vgl. ÜMS, 185)[60] gepriesen. Die Wichtigkeit des Seminars als Echokammer und als Form kollektiven Zusammenlebens wird man bei Barthes schwerlich überschätzen können.

Die Paradoxie von Barthes' Autobiographie besteht darin, dass sie die gattungsgemäße Erwartung der Memoria-Funktion zwar bedient, zugleich aber unterläuft und auf ein Künftiges fokussiert. Wenn in der Echokammer die unterschiedlichsten wissenschaftlichen oder philosophischen Denksysteme ihrer Systemhaftigkeit beraubt und damit für diese zentrale Theoreme nicht nur verstellt, sondern auch *verlernt* werden, dann werden im entstehenden Stimmengewirr auch Traditionslinien und Filiationen des Gedächtnisses so unscharf, dass die Memoria-Funktion dieses experimentellen autobiographischen Schreibens zunehmend in den Hintergrund rückt. *Roland Barthes von Roland Barthes* hat so gut wie nichts mit einer Memoiren-Literatur, ungeheuer viel aber mit einem Erprobungsraum zu tun, in dem die Erzeugnisse gelebter Theorie auf der Ebene eines literarischen Schreibens von einem jener »Écrivains de toujours« experimentell ausprobiert werden, denen die Reihe im Verlagshaus Seuil gewidmet ist.

Akustik und Stimme führen jene Körperlichkeit und jene Ästhetik der Lust in die Theorie wieder ein, die in Julia Kristevas Überführung der Bachtin'schen Vielstimmigkeit in eine vom Körper getrennte Intertextualität im Grunde für die Avantgarde verloren schien. Wie bereits in *Die Lust am Text* sucht Barthes nach

Möglichkeiten, *Leben* ins Gewebe, ins Netz der Texte einzuführen, mithin *lebendige* Netzstrukturen zu schaffen, ohne das überkommene Autorsubjekt wieder reanimieren zu müssen. Der Bachtin'sche Dialogizitätsbegriff wird folglich verkörperlicht und mehr noch verlebendigt. Denn es geht in dieser Phase des produktiven Verlernens um eine *pensée du corps en état de langage*, also um ein »Denken des Körpers im Zustand der Sprache« (RB, OC III, 206; ÜMS, 158).

Das Verhören und Verlernen zielt folglich nicht auf Zerstörung, sondern auf Verwischung der »Ursprünge« ab: Es defiguriert die Codes der Texttheorie, dekonstruiert die Dekonstruktion, indem Kernstücke dieser Theorien überhört und damit gleichsam außer Kraft gesetzt werden, ohne dass ein neues System errichtet werden würde. Horchen ohne Gehorchen. Es geht nicht um ein passives Empfangen einer *auto*risierten Theorie, sondern um ein aktives Verlernen bereits gewusster Sinnsysteme, die *leser*seitig nun ein Eigen-Leben entwickeln sollen. Diese Ver-Stellung wirkt erotisierend, erfindet neue Stellungen, die neue Kombinatoriken der *figurae vitae*, neue Konfigurationen des Wissens, ermöglichen sollen.

Die vielfachen Echoeffekte zwischen Schrifttexten und Photographien, zwischen Kalligraphien und Karikaturen, Karteikarten und Graphismen, Manuskriptseiten und versteckten Zitaten, Partituren und Biographemen, Gemälden und Handschriften münden im letzten Mikrotext der letzten Figur von *Roland Barthes von Roland Barthes* unter dem Titel »Das Ungeheuer der Totalität« in einen anderen Diskurs ein, der auf den 6. August des Jahres 1974 und damit kurz vor Abschluss des Schreibens an der Autobiographie datiert wird:

»Anderer Diskurs: An diesem 6. August, auf dem Land, am Morgen eines strahlenden Tages: Sonne, Hitze, Blumen, Schweigen, Stille, Strahlen.

Nichts streunt umher, weder das Begehren noch die Aggression; allein die Arbeit ist da, vor mir, wie eine Art universelles Sein: Alles ist voll. Wäre dies also die Natur? Eine Abwesenheit ... des Restes? Die *Totalität*?« (RB, OC III, 232; vgl. ÜMS, 194f.)

In dieser Schlussvolte klingt eine gewaltige Partitur, ein enormes (im Echoraum der Autobiographie experimentell erzeugtes) Stimmengewirr aus, nicht in der Polyphonie oder Kakophonie, sondern in der Stille einer Szene auf dem Land. Ein Selbstporträt des Künstlers im Kosmos der Natur, das eigene Werk, die Autobiographie, am Ende aller Figuren datierend und signierend. Die Datierung konkretisiert die raum-zeitliche Ordnung, die Diegese, aber nur, um aus dem Ausblenden der Stimmen, um aus dem Vergessen der Koordinaten eine Natur und mehr noch eine Totalität hervorzutreiben, die mit Fragezeichen versehen werden.

Was hier als präsentisches Innewerden einer Ganzheit in Szene gesetzt wird, ist am Ende der Autobiographie als Beginn, als Morgen eines strahlenden Sommertages gestaltet. Nicht ohne Pathos, gewiss: Wollte man die Angaben referenzialisieren, so könnte man schlicht übersetzen: Der Pariser Wissenschaftler Roland Barthes tritt in den Garten seines Landhauses im südwestfranzösischen Urt und genießt die ländliche Idylle eines Sommertages.

Doch die Inszenierung zielt nicht auf das Gegenwärtige, wirft keinen Blick zurück auf das Vergangene. Vielmehr wird im Sonnenlicht eines Augusttages das Erleben eines Künftigen spürbar, das im Morgen, vor allem aber in der Arbeit, die sich vor dem Ich ausbreitet, aufscheint und lockt. Die Rückkehr des Subjekts in den Text ist die Rückkehr einer Subjektfiktion, die in einem handschriftlichen Zusatz unter der Überschrift »Und danach?« das künftige Schreiben wie das Schreiben des Künftigen ankündigt (RB, OC III, 250; vgl. ÜMS, 208). Das Ich ist nicht am Ende, sondern steht am Anfang eines neuen Schreibens, das neues Leben-Wollen ist.

Die Gegenwart einer Totalität wird nicht aus der Fülle des Geschriebenen und in den Text Eingeblendeten bezogen, sondern präsentiert sich – nachdem das Stimmengewirr der Autobiographie wieder verklungen ist – in einem Präsentischen, in dem die Präsenz stets nur Vorgriff auf Zukunft ist. Schreiben ist als *devant moi*, als vor dem Ich liegende Arbeit stets gewärtig, im Präsens die Präsenz eines Kommenden aufzuspüren, das nur schreibend erlebt werden kann. Das Vergangene wird nicht verdrängt, aber nach seiner Niederschrift verlernt: Es ist das Heraustreten aus einer Echokammer in einen Morgen, der das Künftige im Akt der Arbeit in seiner fragilen Totalität lebbar und erlebbar macht. In diesen LebensZeichen vom 6. August 1974 ist jener Schrei im Schreiben, von dem im Auftakt des vorliegenden Bandes die Rede war, noch nicht hörbar. Der Blick geht in die Zukunft, in die zu erschreibende und damit zu erlebende Zukunft, wie der handschriftliche Zusatz auf der Umschlagseite unterstreicht: »Man schreibt mit seinem Begehren, und ich höre nicht auf zu begehren.« (RB, OC III, 250; vgl. ÜMS, 208)

Zwischen Last, List und Lust

Mag sein, dass der Literatur- und Zeichentheoretiker an derartige Passagen seiner experimentellen Autobiographie dachte, als er wohl auf Anregung von Maurice Nadeau 1975 unter dem Titel »Barthes hoch drei« eine Rezension von *Roland Barthes von Roland Barthes* verfasste, in der er hintergründig äußerte, Barthes sei hinter die Ästhetik von *Die Lust am Text* zurückgefallen und habe einen in Teilen altmodischen Text geschrieben (OC III, 253-255). Barthes hatte hier gut lachen: Er hatte sich für sein

Schreiben zunehmend größere Freiräume erkämpft und durfte sich im Folgejahr darüber freuen, dass er – wenn auch nur mit einer einzigen Stimme Mehrheit – ins Collège de France gewählt wurde: späte Genugtuung für einen, dem aus gesundheitlichen Gründen einst eine Musterkarriere über die École Normale Supérieure verwehrt geblieben war.

Die Tatsache, dass er das Collège nicht auf dem Königsweg der Elitehochschulen, sondern auf einem höchst ungewöhnlichen Parcours zwischen Wissenschaft und Literatur (als eigentliches *enfant terrible*) erreicht hatte, reflektierte er gleich zu Beginn seiner am 7. Januar 1977 gehaltenen Antrittsvorlesung, um an diesem Beispiel zu verdeutlichen, wie sehr sich die Situation im intellektuellen Feld Frankreichs seit den 1960er Jahren verändert hatte. Barthes durfte sich aus gutem Grund als einer der maßgeblichen Protagonisten und Repräsentanten dieser Veränderungen fühlen.

Ohne an dieser Stelle ausführlich auf diese *Lektion* (*Leçon*) eingehen zu können, auf die bereits mehrfach zurückgegriffen wurde, sei doch betont, wie sehr in dieser abendlichen Vorlesung eine Machttheorie ausformuliert wurde, wie sie sich bei Barthes ausgehend von *Am Nullpunkt des Schreibens* entwickelt hatte und in der Konzeption einer pluralen, vielfach über die Gesellschaft verstreuten (da sprachlich fundierten) Macht ihren Ausdruck fand. Diese auch in vielen Interviews jenes Zeitraums entwickelte Theorie von Macht und Gewalt wird angesichts jener berühmt, aber auch berüchtigt gewordenen Formulierung des Sprachphilosophen, dass die Sprache faschistisch sei, da sie nicht zu sagen verhindere, sondern zu sagen zwinge (L, OC III, 803; vgl. LL, 19), oft vergessen. So bleibe nichts anderes übrig, als die Sprache mit Sprache zu überlisten: »Dieses heilsame Überlisten, dieses Umgehen, dieser großartige Trug, der es möglich macht, die außerhalb der Macht stehende Sprache im Glanz einer permanenten Revolution des Sprechens zu hören, nenne ich: *Literatur*.« (L, OC III, 804; vgl. LL, 23) Literatur ist List.

Die Barthes'sche Definition der Literatur als permanente Kraft einer Revolution des Sprechens (und Hörens) ist tief eingesenkt in ein Dreieck, das – wie wir formulieren könnten – von der *Last* (der mit der Sprache verbundenen Zwänge), der *List* (der in ihr möglichen Sprachspiele) und der *Lust* (einer daraus zu entwickelnden erotisierenden Ästhetik) gebildet wird. Barthes selbst unterscheidet im Anschluss an Essays der 1970er Jahre, aber auch an *Roland Barthes von Roland Barthes* darüber hinaus drei Kräfte der Literatur, die er als *Mathesis*, *Mimesis* und *Semiosis* bezeichnet: eine Unterscheidung zwischen verschiedenen Wissensbereichen, die aber sogleich wieder relativiert, ja unterlaufen wird, sei eine »Dekonstruktion der Linguistik« – so der frischgebackene Inhaber des für ihn erfundenen Lehrstuhls für literarische Semiologie – doch fortan vordringlich (L, OC III, 809; vgl. LL, 45).

Als Triebkraft einer derartigen Dekonstruktion, die – wie wir sahen – eine Dekonstruktion der Dekonstruktion miteinschließt, hat Roland Barthes die Literatur ausgemacht. Denn erlaubt sie nicht, eine andere Form von Wissen zu entfalten, alle Segmente und Disziplinen in Gang zu setzen, ohne dass diese jemals fixiert oder fetischisiert würden? (L, OC III, 805; vgl. LL, 27) Literatur zeichnet sich im Sinne Barthes' stets durch ihren zutiefst atopischen Charakter aus (OC II, 1613; vgl. RS, 128).[61]

So wie Roland Barthes in seiner Antrittsvorlesung die Bewegungen von Wissen und Wissenschaft in die Choreographie, in die Bewegungsfiguren eines Kindes übersetzt, das sich sternförmig um seine Mutter bewegt und ihr die unterschiedlichsten Gegenstände vorlegt (L, OC III, 813; vgl. LL, 65), so sucht er auch die *verjüngende* Wirkung einer anderen Kraft zu nutzen, die jene des Vergessens und Verlernens ist: »Es kommt jetzt vielleicht das Alter einer anderen Erfahrung: der des *Verlernens*, die nicht vorhersehbare Umarbeitung wirken zu lassen, durch die das Vergessen die Ablagerung des Wissens, der Kulturen, der Glaubensüberzeugungen, durch die man hindurchgegangen ist, prägt.« (L, OC III, 814; vgl. LL, 71)

Barthes hat damit die Phase und die Kräfte selbst benannt, die seine Schriften während seines letzten Lebensjahrsiebts auszeichneten. Nicht die Memoria, sondern das Vergessen, nicht die Vertiefung und Erweiterung des bereits Gelernten, sondern das Verlernen und die angestrebte Verjüngung sind es, welche die sich im Spannungsfeld von Leben, Literatur und Wissenschaft entfaltende Lebenskraft bilden, jene *force de toute vie vivante*, von der nur wenige Zeilen zuvor in diesem furiosen Finale seiner *Leçon* die Rede ist.

In der wechselseitigen Bezüglichkeit von List, Last und Lust ergibt sich in der Folge aber noch ein anderes Dreieck, das man vielleicht am besten mit den Begriffen Lesen, Leben und Lieben bezeichnen könnte. Es geht um jenes magische Dreieck, das Barthes' *Fragmente eines Diskurses der Liebe* in insgesamt achtzig überlegt aufeinander abgestimmten Figuren ausspannen.

Die Veröffentlichung dieses Bandes wenige Wochen nach der Antrittsvorlesung im Frühjahr 1977 war ein wahrer Coup. Denn der nun mit allen höheren Weihen der akademischen Welt ausgezeichnete Barthes landete mit seinem neuen Band einen Bestseller, war die Startauflage von immerhin 15 000 Exemplaren doch im Nu vergriffen, so dass noch im selben Jahr sieben weitere Auflagen gedruckt werden mussten. Ende 1977 waren knapp 80 000 Exemplare verkauft: Roland Barthes, der sich in seinen kleinen Seminaren so wohlfühlte, erlebte seinen Durchbruch als Erfolgsschriftsteller, als Autor für ein *grand public*, das sich um die Barthes'sche Frage nach der Liebe riss. In Bernard Pivots *Apostrophes* trat er nun elegant und amüsiert neben Françoise Sagan im

Fernsehen auf.[62] Zeitungs-, Zeitschriften-, Radio- und Fernsehinterviews, aber auch ein ihm gewidmetes Kolloquium im legendären Cerisy-la-Salle folgten sehr rasch: RB – so sein Spitzname – genoss ganz offenkundig den um ihn entstandenen Rummel in den Massenmedien.

Dabei hatte Barthes im Grunde doch nur sein Schreiben konsequent weiterentwickelt: Es lässt sich gewiss keine spektakuläre Wendung zum Bestsellerautor ausmachen. Am Ende des Vorspanns zu seinem so gefeierten Buch, am Ausgang der unvermeidlichen Leseanweisung, die unter dem Titel »Wie dieses Buch gemacht ist« seinen *Fragmenten eines Diskurses der Liebe* vorausging, griff Barthes auf eine uns wohlbekannte Formel zurück, die ganz bewusst und mit derselben Methode an jene seiner experimentellen Autobiographie anknüpft: »Es ist also ein Liebhaber, der hier spricht und sagt:« (F, OC III, 465; vgl. FL, 23). Die Subjektfiktion der experimentellen Autobiographie ließ grüßen.

Die erneute Einführung der Fiktion eines Subjekts, der Figur eines namenlos bleibenden *amoureux*, bindet den Liebendendiskurs an einen gewiss vielgestaltigen, aber doch literarisch erzeugbaren Text-Körper zurück, dessen Stellungen und Leibesübungen, dessen Figurationen und Konfigurationen Literatur und Leben, Wissenschaft und Schreiben im Akt des Lesens und im Akt des Liebens lebendig und lustvoll miteinander verknüpfen. In diesen komplexen Kombinatoriken der Körper und der Texte wird ein langer Durchgang durch unterschiedlichste »Abenteuer« der Theorie erkennbar, zugleich aber *verlernt* und (ein wenig zumindest) vergessen. Der Erfolg der *Fragmente* zeigte, dass man kein aufmerksamer Beobachter der literatur- und kulturtheoretischen Szene im Frankreich der 1960er und 1970er Jahre sein musste, um diesen Text genießen zu können. Wenn auch eine »genießende Wissenschaft«[63], wie sie Hugo Friedrich einmal forderte, zweifellos dazu beitragen könnte, durch die Sichtbarmachung des für diesen Text bewusst Verlernten den Genuss, die Lust am Text, noch wesentlich zu erhöhen.

So schaffen die *Fragmente eines Diskurses der Liebe* einen kreativen Freiraum des Schreibens dadurch, dass die in ihnen transportierte Theorie zum Teil einfach ausgeblendet oder »vergessen« wird. Als *gelebte Theorie*, als in Bewegung gesetzte Diskursivität, ist sie in den Choreographien des Bandes von 1977 jedoch allgegenwärtig. Längst hatte Barthes effiziente literarische Strategien entwickelt, die der Vertreibung des Subjekts aus der Literatur entgegenwirken sollten, ohne doch der Hoffnung und Illusion zu erliegen, in jenes Paradies der Subjektivität im »klassischen« Roman des 19. Jahrhunderts zurückkehren zu können, in das man – dies wusste der frühe Verfechter des *Nouveau roman* besser als jeder andere – niemals mehr würde zurückfinden können. Doch Barthes' Subjektfiktionen schufen sich ihr eigenes Reich der Zeichen – und ihr Reich der Liebe.

Gehen wir an dieser Stelle gleich ans Ende des Bandes. In der letzten Figur der *Fragments d'un discours amoureux*, der Barthes die Überschrift »Sobria ebrietas« gab, findet sich an zweiter Position ein Mikrotext mit dem Titel »Sich zurückziehen ohne zu weichen«, der die schon in *Die Lust am Text* vorhandenen taoistischen Philosopheme des Nicht-Ergreifens, des Nicht-in-seinen-Besitz-Bringens explizit im Zeichen Nietzsches und zugleich im Zeichen des Lebensbegriffs reformuliert:

»Es ist notwendig, daß das *Ergreifen-Wollen* aufhört – aber auch, daß das *Nicht-Ergreifen-Wollen* nicht sichtbar ist: keinerlei Opfergabe. Ich will an die Stelle des warmherzigen Fortgerissenwerdens der Leidenschaft nicht ›das verarmte Leben, das Sterben-Wollen, die große Ermattung‹ setzen. Das NEW ist nicht auf der Seite der Güte, das NEW ist lebhaft, trocken: Einerseits stelle ich mich nicht der sinnlichen Welt entgegen, ich lasse das Begehren in mir zirkulieren: Anderseits lehne ich es gegen ›meine Wahrheit‹: Meine Wahrheit ist, absolut zu lieben: In Ermangelung dessen ziehe ich mich zurück, verstreue mich, einer Truppe gleich, die das ›Vorrücken‹ aufgibt.« (F, OC III, 677; vgl. FL, 121 f.)

Das Nicht-Ergreifen-Wollen (NEW) ist gerade nicht ein Nicht-Begreifen-Können, sondern setzt eine hochfeine Wahrnehmung zugleich voraus und weiter in Gang, welche jeglicher Verarmung des Lebens und in der Folge jeglichem Leben-zum-Tode sich entgegenstellt. Zu Beginn dieser Einführung war ausgehend von Barthes' Vorlesung *Die Vorbereitung des Romans* die intime Verbindung hervorgetreten, die das Schreiben-Wollen bei Roland Barthes mit dem Leben-Wollen eingegangen war. Diese Verbindung zeigt sich in der abschließenden Figur der *Fragmente eines Diskurses der Liebe* in aller Deutlichkeit – und in ihrer tiefen Verquickung mit dem Tod. Denn nicht nur der kleine Tod, an dem die Sprache der *Fragmente* zu enden scheint, sondern auch der große, der irreversible Tod sind in diesem Band des Liebesdiskurses präsent.

Das Nicht-mehr-Ergreifen, gleichsam jene Bewegung, mit der die Hand nicht mehr um den Besitz geschlossen wird, verbindet sich mit der Wahrheit des (erfundenen) Subjekts, jener Wahrheit eines absoluten Liebens, das zwar als höchst lebendig, aber nicht als ein In-Besitz-Bringen gedeutet wird. Der Rückzug wird hier in militärischer Metaphorik als ein Nicht-Besetzen, zugleich aber auch als ein Nicht-Weichen porträtiert, insofern das Ich sich weder am Akt einer Be-Setzung noch einer Ent-Setzung beteiligen will. Entsetzlich aber erscheint in jeglicher Hinsicht das verarmte Leben eines Sterben-Wollens, das mit dem Lebens-Reichtum des Schreiben-Wollens in einem schillernden Kontrast steht. Einer Armut des Lebens setzte Barthes stets den Reichtum der Sprache entgegen.

Mit seinen *Fragmenten eines Diskurses der Liebe*, die – wie zuvor bereits *S/Z* – auf ein Seminar an der École pratique des hautes études zurückgingen, bündelte und verdichtete Roland Barthes in einer Abfolge unterschiedlicher, aus Mikrotexten zusammengestellter Figuren einen Liebesdiskurs im Abendland, wie er aus einer kulturgeschichtlichen Perspektive auf so andere Weise in zusammenhängender Form von Denis de Rougemont[64] erzählt worden war. Bei Barthes ist mit dem Begriff *discours amoureux* in einem transphrastischen, also Einzelsätze übergreifenden, wie in einem narratologischen Sinne ein in Schriftform wiedergegebenes Sprechen gemeint, wobei der Diskurs der Liebe – und hierin dürfte ein Teil der Attraktivität dieses Bandes zu erklären sein – durch unterschiedliche Subjektpositionen sprachlich *verkörpert* wird. Mit anderen Worten: Die Subjekte verkörpern Diskursfragmente, die erst durch sie zum Sprechen gebracht werden. Die Diskursfragmente sprechen durch die Subjekte hindurch.

Dabei suchen die Fiktionen des liebenden Subjekts nicht nach psychologischer Tiefe, sondern nach der Performanz unterschiedlichster Liebes-Figuren. Diese werden präsentiert und repräsentiert, konstruiert und dekonstruiert, aber auch choreographisch vorgetanzt und nachgetanzt, analysiert und synthetisiert. Ein Spiel zwischen Lesen, Leben und Lieben beginnt, das den Leser und die Leserin als potenziell Liebende mit ihrem Lebenswissen einbezieht, ja ohne dieses stillschweigend vorausgesetzte Lebenswissen gar nicht denkbar wäre. Denn das, was Barthes' Liebender sagt, ist wie eine Partitur, die ebenso lesbar wie lebbar erscheint. Gelebte Theorie eines Theoretikers für Praktiker, die Teile der Theorie längst verlernt, längst vergessen haben.

Die Inventur der historisch aufgehäuften Formen, in und über Liebe zu sprechen, führt zu einem beeindruckenden Inventar an Figuren, das Barthes vor der Veröffentlichung freilich streng begrenzte. Es ist aus heutiger Sicht höchst spannend zu sehen, welche Figuren Barthes einschloss, aber auch, welche er ausschloss, bilden diese exkludierten Figuren der Liebe doch einen umfangreichen Band, der dreißig Jahre nach den *Fragments* erschien.[65] Gerade zum Thema von Exklusion und Inklusion im Spannungsfeld der Liebe, zum Alter, aber auch zu unterschiedlichsten Rassismen[66] finden sich dort zahlreiche Figuren, die in seinen Band aufzunehmen Barthes sich nicht entschließen konnte. Die *Fragmente eines Diskurses der Liebe* besitzen ein (nicht länger) geheimes Pendant.

Zu den intertextuellen Bezugspunkten der 1977 tatsächlich erschienenen *Fragmente eines Diskurses der Liebe* zählen – dem zweifellos wichtigsten Intertext, Goethes *Die Leiden des jungen Werther* deutlich nachgeordnet – mit Barthes befreundete Autoren (wie Sarduy oder Sollers), Mitstreiter oder Teilnehmer seiner Seminare, Mystiker und Dichter des Mittelalters, Schriftsteller des 19. Jahrhunderts wie Balzac oder Baudelaire, Philosophen wie Nietzsche oder Diderot, Sartre oder Deleuze, Komponisten wie Mozart, Schubert oder Wagner – und die Liste ließe sich noch lange fortsetzen. Allgegenwärtig sind die eingestreuten Biographeme, mit denen oft ebenso spielerisch verfahren wird wie mit den Titeln und anderen paratextuellen Details, die sehr sorgfältig aufeinander abgestimmt sind. Es ist schon vom Titel des gesamten Bandes her verführerisch, in den *Fragmenten* eine Fortsetzung der Autobiographie mit anderen Mitteln zu sehen, zumal die Einführung einer Romanfigur beziehungsweise eines Liebenden – wie bereits besprochen – auf demselben textgenerierenden Verfahren der Subjektfiktion beruht. Eine Frage an Barthes ließ selten auf sich warten: *What about you and love?*

Zeit seines Lebens hatte Barthes versucht, sein privates von seinem öffentlichen Leben zu trennen. Auch wenn es in seinen Biographemen immer wieder aufblitzte: Barthes versuchte, einen Körper der Theorie, nicht (s)einen Körper der Praxis ins Rampenlicht zu stellen. Dies macht die vielen – gerade nach seinem Tod sich häufenden – voyeuristischen Annäherungen erklärlich. Sie scheinen noch immer nicht abebben zu wollen.[67]

Auf der vierten Umschlagseite ordnen sich die alphabetisch aufgelisteten Titel der Figuren zu einer menschlichen Silhouette aus Buchstaben an und bilden somit einen Körper, der in der Tat den Liebesdiskurs – aus kleinsten Details und Biographemen zusammengesetzt – verkörpert. Im Zentrum der Figurenkonstellation steht, wen wundert's, das »Je t'aime«, um das alles andere kreist. Eine Geschichte will sich aus den Figuren und ihren Mikrotexten, die den gesamten Band ausmachen, jedoch nicht herausbilden, wohl aber eine schier unendliche Zahl an Erzählkernen, die unterschiedlichste Liebesverhältnisse, Enttäuschungen und Abenteuer bei der Leserschaft suggerieren. Die Figuren leben: nicht etwa, weil man uns von ihrem Leben erzählt, sondern weil wir ihre Lebensfraktale mit je eigenem Lebenswissen »auffüllen« und in Bewegung setzen können. Die Figuren sprechen uns an, weil durch sie unterschiedlichste Sprachen zu uns von Liebe sprechen: *Parlez-moi d'amour!* Im Leben der Figuren begegnen sich andere Leben, andere Lieben: unsere Leben, unsere Lieben. Genau dies aber dürfte zum großen Erfolg dieses Bandes entscheidend beigetragen haben: Die Subjektfiktion des Liebenden wird von den Lesenden durch eigenes Liebeswissen mit Leben erfüllt.

»Die Notwendigkeit dieses Buches«, so heißt es schon in einem kurzen Eröffnungstext der Fragmente, »ergibt sich aus der folgenden Überlegung: daß der Liebesdiskurs heute *von extremer Einsamkeit* ist.« (F, OC III, 459; vgl. FL, 13) Diese Einsamkeit durchzieht alle Seiten des Bandes, erweist sich aber nicht als eine nur einem einzelnen Individuum – wie in den *Leiden des jungen Werther* – aufgebürdete, sondern als eine systematische: »Die Einsamkeit des Liebenden ist keine Einsamkeit einer Person (die Liebe wird gestanden, spricht, wird erzählt), es ist eine Einsamkeit des Systems.« (F, OC III, 656; vgl. FL, 35) Die Vereinzelung des Liebessubjekts erweist sich als »eine ›philosophische‹ Einsamkeit, da die Liebe als Leidenschaft heute von keinem größeren Denksystem einbezogen« werde (F, OC III, 655; vgl. FL, 33).

Der Liebende – dessen Geschlecht nicht konkretisiert wird – lebt so in ungesicherten, philosophisch nicht abgestützten Verhältnissen, durch seine Liebe von der Gesellschaft exkludiert. Im Dreieck von Lieben, Lesen und Leben ist er auf sich allein gestellt. Barthes' *Fragmente eines Diskurses der Liebe* können und wollen keine Philosophie der Liebe bieten; noch weniger wollen sie Lebenshilfe oder Liebesratgeber sein. Doch entfalten sie ein Wissen vom Leben im Leben, das die Figuren der Liebe kraft der Inklusion ihrer Exklusion auf ein ZusammenLebensWissen hin öffnet.

Nicht zufällig hatte Barthes seine erste, 1976 und 1977 am Collège de France gehaltene Vorlesung unter das Thema *Comment vivre ensemble* gestellt – nicht ohne eine gewisse Furcht übrigens, man könnte dies als Fortsetzung seines Seminars über den Liebesdiskurs und damit als das bürgerlichen Normen entsprechende Zusammenziehen eines Liebespaares missverstehen. Doch damit hatte sein Projekt nichts zu tun. Barthes ging es in dieser Pionierarbeit in ganz grundsätzlicher Weise darum, ebenso die Literatur (mit besonderem Schwerpunkt auf dem Roman) wie die konkrete Lebenspraxis nach einem Wissen vom Zusammenleben zu befragen, um damit eine der (weitgehend unbeachtet gebliebenen) Grundfragen von Literatur aufzugreifen: Wie können wir in Frieden und Differenz zusammenleben?

Barthes' Analysen unterschiedlichster Formen und Rhythmen insbesondere des klösterlichen und anachoretischen Zusammenlebens entfalten folglich ein *savoir vivre ensemble*, wie es sich historisch seit Jahrhunderten und Jahrtausenden gerade in der Literatur akkumulieren konnte. Romane von Thomas Mann (selbstverständlich Barthes' Lieblingsbuch seit Sanatoriumszeiten, *Der Zauberberg*), Émile Zola, Daniel Defoe oder André Gide werden zusätzlich zu den wie stets niemals fehlenden zahlreichen Autobiographemen nach dem in ihnen gespeicherten und vom Leser anzuverwandelnden Wissen befragt, wobei es immer wieder auch um die Frage der leichten Berührung geht, mit der im Spiel der Figuren angezeigt werden kann, dass der Körper des Anderen für mich erreichbar und mir nicht entzogen ist (CE 112; vgl. WL, 133). Als überaus hilfreich für ein Verständnis all jener Prozesse, die das menschliche Zusammenleben und dessen Wissen prägen und regeln, erweist sich der Begriff der Proxemie, der jenen Raum der Unmittelbarkeit bezeichnet, welcher das Subjekt in direkter Greifweite umgibt (CE 155; vgl. WL, 184). Lampe und Bett, so filtert Barthes aus seinen Untersuchungsobjekten heraus, zählten dabei zu den wichtigsten »Schöpfern der Proxemie« (CE 156; vgl. WL, 185), wobei es dem Literaturtheoretiker auch anhand weiterer Begrifflichkeiten wie der Idiorrhythmie gelingt, eine Art Grundlagenforschung der Konvivenz zu betreiben.

Barthes betonte also aus einer quasi lebenswissenschaftlichen Perspektivik, es sei ihm in seinem Seminar über den Liebesdiskurs ebenso wenig um das Zusammenleben des Liebespaares gegangen, wie es ihm nun in der aktuellen Vorlesung um das Zusammenleben des Paares (und damit um einen *discours similiconjugal*) zu tun sei (CE 37; vgl. WL, 42). Seine theoretische Stoßrichtung war, wenn auch noch tastend, grundlegender Art.

Mit Blick auf die von ihm untersuchte *idiorrythmie* etwa sprach er vielmehr von einem »Phantasma des Lebens«, von einem »Phantasma der Lebensart« (CE 37; vgl. WL, 42), wobei er die Begrifflichkeit anhand des folgenden Beispiels erläuterte:

»Von meinem Fenster aus sehe ich (am 1. Dezember 1976) eine Mutter, die ihr Kind an der Hand hält und den leeren Kinderwagen vor sich her schiebt. Sie war in ihrem Schritt unbeirrbar, das Kind wurde gezogen, geschubst, gezwungen, die ganze Zeit zu rennen, wie ein Tier oder ein

Sadesches Opfer, das man auspeitscht. Sie geht in ihrem Rhythmus ohne zu wissen, daß der Rhythmus des Kindes ein anderer ist. Und dennoch ist sie seine Mutter! Die Macht – die Subtilität der Macht – verläuft über die Dysrhythmie, die Heterorhythmie.« (CE 40; vgl. WL, 47)

Die Koordinaten des (gemeinsamen) Rhythmus wie des (gemeinsamen) Raumes sind für Barthes entscheidend, um die Problematiken des Zusammenlebens und der damit verbundenen Macht oder Machtasymmetrien zu beleuchten. Die hier geschilderte Beziehung zwischen Mutter und Kind, die Roland Barthes – der ein Leben lang mit seiner Mutter zusammenwohnte – sehr nahe gehen mochte, ist beispielhaft insofern, als sich in ihr jenes Phantasma des Lebens und der Lebensart (*genre de vie*) ausdrückt, das der Kultur- und Zeichentheoretiker auf die Höhe eines Wissens vom Leben im Leben zu heben versuchte. Kein Wunder also, wenn diese Koordinaten auch in den *Fragmenten eines Diskurses der Liebe* eine bedeutsame Rolle spielen. Aber verbirgt sich hinter dieser diegetischen Dimension nicht ein Problem zwischen der Einzigartigkeit der Liebe und ihrer so oft zu beobachtenden Wiederholungsstruktur?

Wenn den Subjektfiktionen in den *Fragments* von Beginn an dasjenige mitgegeben wird, »was aus meinem eigenen Leben kommt« (F, OC III, 464; vgl. FL, 22), dann öffnen sich die raum-zeitlichen Koordinaten dieses Lebens stets auf mehrere geliebte Menschen: »Mehrfach in meinem Leben jedoch habe ich geliebt und werde ich lieben.« (F, OC III, 493; vgl. FL, 44) Dieser Wiederholungscharakter ändert freilich nichts, so demonstriert es die Figur »Atopos«, an der Einzigartigkeit, die der Beziehung zu *diesem* Anderen in *meinem* Leben zukommt:

»*Atopos* ist der Andere, den ich liebe und der mich fasziniert. Ich kann ihn nicht klassifizieren, ist er doch genau der *Einzige*, das einzigartige

Bild, das wunderbarerweise gekommen ist, der Spezialität meines Begehrens zu antworten. Er ist die Figur meiner Wahrheit; er kann in keinerlei Stereotyp gefaßt werden (das die Wahrheit der Anderen ist).« (F, OC III, 493; vgl. FL, 44)

Die Wiederholungsstruktur, ja das Klischee und Stereotyp der Liebe werden folglich dadurch unterlaufen, dass im je eigenen Leben des Liebenden Ort und Bewegung, Raum und Rhythmus durch die Atopie des Anderen auf paradoxe Weise außer Kraft gesetzt werden: Das geliebte Wesen fasziniert, weil es nicht klassifiziert, auf einen Ort im Tableau reduziert und diesem zu-, ja untergeordnet werden kann. So heißt es in der Figur »Anbetungswürdig!«: »Ich treffe in meinem Leben auf Millionen von Körpern; von diesen Millionen kann ich Hunderte begehren; von diesen Hunderten aber liebe ich nur einen. Der Andere, in den ich mich verliebt habe, bezeichnet mich, und dies dank der Spezialität meines Begehrens.« (F, OC III, 476; vgl. FL, 39) Stets sind diese Wendungen auf das *Leben* des Subjekts bezogen: Denn alles Wissen, das in diesen Figuren – gleichviel, ob es aus dem Lesen oder dem Leben kommt – über die Liebe verdichtend zusammengeführt wird, ist ein Lebenswissen, das sich zugleich auch als ein ZusammenLebensWissen weiß. Auch und gerade dann, wenn der Körper des Anderen in meinem Leben und für mein Leben atopisch ist.

Die Bruchstücke literarischer, philosophischer, mystischer, musikalischer, filmischer, autobiographischer oder auch vielfach lebensweltlicher Provenienz, die von Barthes sorgfältig zu einer Subjektfiktion zusammengesetzt und zum Sprechen gebracht werden, bilden ein Figurenfeld der Liebe, dessen einzelne Figuren erst der Leser, erst die Leserin im Akt des Lesens zu unterschiedlichen Stellungen zusammenfügen können. Im Dreieck zwischen historisch akkumulierter Last, gegenwärtiger List und künftiger Lust ist diesen Figuren gleichsam von zwei Seiten Leben eingehaucht: Sie sind im vollsten Wortsinne Lebensfiguren, *figurae vitae*.

Vergegenwärtigen, Verlernen, Vergessen

In das Jahr der größten Erfolge von Roland Barthes brach am 25. Oktober 1977 der Tod von Henriette Barthes ein, der er noch zu Beginn des Jahres in seiner Antrittsvorlesung seine Figuren der Liebe, seine Figuren des Lebens in Form jener Bewegungen gewidmet hatte, die das Kind sternförmig um die geliebte Mutter ausführt. Es waren die für sein Leben vielleicht grundlegenden Bewegungen, denen ähnlich, die ihn immer wieder zu seiner Stadt der Städte, nach Paris, zurückführten. Nun aber blieb mit Blick auf die Mutter dieses Zentrum seiner Lebensbewegungen unwiederbringlich leer: »verloren! allein! beobachtet! ausgeschlossen!« (RB, OC III, 188; ÜMS, 132)

Das *Tagebuch der Trauer*, das bereits am Tag nach ihrem Tod einsetzt und uns im Eingangskapitel nahebrachte, wie sich der Schrei im Barthes'schen Schreiben manifestiert, zeigt nicht allein die immense, unstillbare Trauer, sondern in der Form des Tagebuchs auch den (freilich stets relativen) Trost, den angesichts des Todes auch die Theorie für Barthes bieten kann. Sie ist für ihn ein Lebensmittel: Mittel zum Leben, zum Erleben, zum Überleben.

Gewiss: Der Trost durch die *gelebte Theorie* kann niemals diesen Verlust aufwiegen; und doch wird in ihr eine Kraft spürbar, die das eigene ÜberLebenSchreiben – also das eigene Schreiben über das Leben wie das Schreiben über das eigene Überleben – dem Vergessen entgegenzusetzen sucht. Denn bald schon beginnt das Bild der geliebten Mutter zu schwinden, Bilder der Zukunft beginnen es dort zu überlagern, wo man sie am wenigsten erwartet hätte. Denn auch hier ist das Vergessen zukunftshaltig, ja manisch an der Zukunft ausgerichtet. So notiert Barthes bereits am 27. Oktober 1977: »Sobald ein Mensch verstorben ist, folgt eine wahnwitzige Konstruktion von Zukunft (Umstellen von Möbeln usw.): Zukunftsmanie (*aveniromanie*).« (JD, 16; vgl. TT, 16) Und wenige Tage später, am 29. Oktober, lesen wir: »Bizarr, ihre Stimme, die ich so gut kannte, von der man sagt, daß sie das Korn der Erinnerung sei (›die geliebte Intonation‹ ...), ich höre sie nicht. Wie eine lokalisierte Taubheit ...« (JD, 24; vgl. TT, 24)

Im Verschwinden der Stimme, im Vergessen des Bildes werden die LebensZeichen der Mutter entrückt; und schon sehr bald entsteht das Projekt, ein der Mutter gewidmetes Buch zu schreiben. Wie sehr in dieses Projekt die eigene Projektion auf Proust hineinspielt, der – wie Barthes wiederholt betonte – vor der Niederschrift von *Auf der Suche nach der verlorenen Zeit* seine Mutter verlor, wurde im bereits besprochenen Vortrag vom 19. Oktober 1978 am Collège de France deutlich. Auch für die abwesende Präsenz der Mutter gilt: Spricht Barthes von Proust, so spricht er meistens von sich selbst. Im erst noch zu schreibenden Buch der Mutter durfte diese Konfiguration nicht fehlen.

Die intensive Auseinandersetzung mit der graphischen Kunst, die Barthes spätestens seit seinen ersten *Mythologien* von den frühen 1950er Jahren bis zu seinem Tod begleitete, verstärkte sich im Verlauf der 1970er Jahre zusehends. Dabei entfalteten nicht nur seine theoretischen Auseinandersetzungen mit den Werken von Réquichot, Erté, Masson oder Cy Twombly eine bis heute anhaltende Wirkung: Auch seine eigene Praxis als Künstler wurde immer sichtbarer. Bezeichnete er sich auch 1973 in einem Interview als »Sonntagsmaler«[68], so schuf er doch während der 1970er Jahre über fünfhundert Gemälde und Zeichnungen, die er stets datierte und wie seine anderen Veröffentlichungen in einem Werkverzeichnis auflistete. Zwei Ausstellungen zu Lebzeiten in den Jahren 1976 und 1977 sowie zwei weitere Ausstellungen unmittelbar nach seinem Tod in den Jahren 1980 und 1981 vermitteln im Verbund mit weiteren Katalogen einen guten Überblick über diese Seite seiner Kreativität, die hier wie seine Neigung zur Musik nicht ausführlicher beleuchtet werden kann.[69] Diese Arbeiten sind weit mehr als bloße »Variationen über die Schrift«, auch wenn sie uns sehr eindringlich jene Körperlichkeit des Graphischen vor Augen führen, die Barthes in seinen Schriften, in seinem *Reich der Zeichen*, auf so vielfältige Weise durchbuchstabierte.

Man sollte sich davor hüten, das gesamte Schaffen nach dem Tod der Mutter in das Zeichen des bald schon folgenden Todes von Roland Barthes zu stellen oder gar von einem »langsamen Tod« des Schriftstellers und Zeichentheoretikers zu sprechen. Was Roland Barthes am 8. Dezember 1979 in seiner Vorlesung *Die Vorbereitung des Romans* mit Blick auf Rimbaud warnend sagte, sollte letztlich auch für unsere Beschäftigung mit Barthes selbst gelten. Zu Recht betonte er dort die Notwendigkeit, »das evolutive Schema (das ›*Schicksal*‹) zu verlernen«, sei es doch »eine christliche Tradition, das Ende zu privilegieren, einen Menschen nach seinem Tode zu beurteilen« (PR, 213; vgl. VR, 244). Erneut geht es hier um ein *Verlernen* im positiven Sinne, erlaubt doch dieses erst, einem jahrtausendealten Schema zu entfliehen, das alles in einen einzigen Sinn, in ein einziges Schicksal einzusperren und einzupressen sucht. Diese Worte, wenige Wochen vor seinem Unfall beim Überqueren einer Straße unweit des Collège de France gesprochen, jenem banalen Verkehrsunfall, von dessen Folgen er sich nicht mehr erholen sollte, halten uns an, die Offenheit des Barthes'schen Schreibens gerade auch der beiden letzten Jahre zu unterstreichen. Barthes mag des Lebens müde gewesen sein, doch hatte er – wie seine Schriften und Manuskripte zeigen – noch viel vor.

Denn Barthes' Schreiben war keineswegs an einen wie auch immer gearteten intellektuellen Endpunkt gekommen, als er jenen handschriftlichen Text in Maschinenschrift zu übertragen begann, der unter dem schönen Titel »Man scheitert stets daran, von dem zu sprechen, was man liebt« erst postum 1980 erscheinen konnte. In diesem Text über Stendhals Tagebuchaufzeichnungen und deren Verhältnis zur Niederschrift der *Kartause von Parma* lässt sich ein durchgängiges Oszillieren zwischen einer referenziellen und einer autobiographischen, auf Barthes selbst bezogenen Bedeutungsebene erkennen – und jener unbändige Wille zum Werk, der sich ebenso bei Stendhal wie bei Barthes mit voller Wucht einen Weg zu bahnen suchte. Denn ein »Fiasko des Schreibens« drohte, als »Stendhal vom *Tagebuch* zum *Roman*, vom *Album* zum *Buch* (um eine Unterscheidung Mallarmés wiederaufzunehmen) überging und die Empfindung, die lebendige, aber unkonstruierbare Parzelle aufgab, um diese große vermittelnde Form aufzunehmen: die *Erzählung* oder, besser noch, den *Mythos*« (OC III, 1219; vgl. RS, 335). Bestand die Herausforderung für Stendhal wie für Barthes folglich nicht darin, diese *parcelle vive mais inconstructible* in den literarischen Erzähltext zu transferieren und damit Leben in den Text zu bringen?

Man könnte diese Zeilen, die Barthes bei einer Stendhal-Tagung in Mailand hatte vortragen wollen, gewiss als eine freilich ambivalente Absage an die Form des Tagebuches verstehen. Es entbehrt sicherlich nicht der Tragik, dass Barthes' Essay auf Seite 2 buchstäblich in der Maschine steckenblieb und uns vom Rest dieses geplanten Vortrags nur mehr die (allerdings vollständige) handschriftliche Fassung erhalten blieb. Müßig aber ist es zu spekulieren, welche Wendungen Barthes, der bei der maschinenschriftlichen Transkription seine zunächst handschriftlich fixierten Texte stark zu verändern pflegte, seinem Essay über Stendhal und das eigene Schreiben gegeben hätte, wäre er noch einmal aus dem Krankenhaus nach Hause zurückgekehrt. So aber bleibt uns ein *dernier texte*, ein »letzter Text« aus seiner Hand, der sich auf Stendhal bezieht, aber den Verfasser stets miteinbezieht: »Er wußte noch nicht, daß es eine Lüge gab, die romaneske Lüge, die zugleich – oh Wunder – Umweg der Wahrheit und endlich triumphierender Ausdruck seiner italienischen Leidenschaft sein würde.« (OC III, 1220; vgl. RS, 335 f.)

In einer auf den 2. September 1979 datierten Eintragung, welche die zweitletzte datierte Notiz im *Tagebuch der Trauer* ist, hat Roland Barthes nur diese beiden Zeilen festgehalten: »Siesta. Traum: *exakt* ihr Lächeln. / Traum: integrale, gelungene Erinnerung.« (JD, 254; vgl. TT, 253) Es fällt nicht schwer, zwischen diesen Zeilen des abbrechenden Tagebuches nicht nur das (wie) im Traum erscheinende Lächeln der Mutter, sondern auch das Projekt zu erkennen, das Barthes zu diesem Zeitpunkt bereits abgeschlossen hatte: sein Buch über die Photographie, das zugleich sein so oft beschworenes Buch über die Mutter wurde. Wie aber war beides miteinander vereinbar?

Das letzte Buch von Roland Barthes, *Die helle Kammer*, ist auf den Zeitraum zwischen dem 15. April und dem 3. Juni 1979 datiert. Der letzte Eintrag des *Journal de deuil*, der vor den »Start« der Arbeit an diesem *dernier livre*, diesem »letzten Buch« fällt, lässt sich unschwer auf das neue und so rasch, binnen weniger Wochen ausgeführte Vorhaben beziehen:

»Ich lebe ohne jegliche Sorge um die Nachwelt, ohne jedes Begehren, später noch gelesen zu werden (abgesehen von M., aus finanziellen Gründen), die vollkommene Akzeptanz, gänzlich zu verschwinden, keinerlei Lust aufs ›Monument‹ – aber ich kann es nicht ertragen, daß es so auch für Mam. kommt (vielleicht weil sie nicht geschrieben hat und weil die Erinnerung an sie gänzlich von mir abhängt).« (JD, 245; vgl. TT, 244)[70]

Kein Zweifel: Mit seinem Buch *La Chambre claire* hat Roland Barthes nicht nur seiner Mutter ein literarisches Monument errichtet, sondern ihr Vergangensein in eine offene Zukunft projiziert. Insofern ist dieser Band, aus der Angst vor dem Vergessen geboren, eine Form der Vergegenwärtigung, die unbestreitbar auf Zukunft zielt: die helle Kammer eines Gedenkens, das – Dank und Gedächtnis zugleich – nicht auf den (eigenen) Tod, sondern aufs Künftige gerichtet ist.

An erster Stelle aber ist der Band einer anderen – oder doch der gleichen? – hellen Kammer gewidmet: der Kunst der Photographie. War das 1979 erschienene Bändchen mit dem Titel *Sollers, Schriftsteller* – das aus einer Abfolge von sechs eher kurzen Texten über den Kopf der *Tel-Quel*-Gruppe besteht – eher eine Solidaritätsbekundung und mehr noch eine Pflichtübung, die offenkundig auf eine Bitte des im intellektuellen Feld Frankreichs zunehmend in Bedrängnis geratenen Philippe Sollers selbst zurückging, so ist *Die helle Kammer* für Barthes ein Buch von geradezu vitaler, existenzieller Bedeutung. Ein Buch, von dem er freilich niemals ahnen konnte, dass es der letzte in einer so langen Serie zu Lebzeiten erschienener Bände sein würde. Ein Buch über die Photographie und ein Buch über die Mutter – Theorie und Literatur, Endpunkt und Ausgangspunkt zugleich.

Der elegante, 1980 erschienene Band weist eine gewisse Abkehr von der fraktalen, archipelischen Schreibweise der *écriture courte* auf, die Barthes' Schreiben so sehr charakterisiert hatte. Auch wenn er mit seinem Sollers gewidmeten Buch noch ein letztes Mal pflichtschuldig die französische Avantgarde seiner Zeit gegrüßt hatte, war es ihm nun – wie er in einem in *Tel Quel* veröffentlichten Tagebucheintrag vom 5. August 1977 wissen ließ – um anderes zu tun. Plötzlich sei es ihm »gleichgültig geworden, nicht *modern* zu sein. (... und wie ein Blinder, dessen Finger über den Text des Lebens (*texte de la vie*) tastet und hier und dort das erkennt, ›was schon gesagt worden ist‹)« (OC III, 1011; vgl. RS, 399). Barthes tastete sich, seinem LebensText folgend, in der Tat in eine neue Richtung vor. Sein *erstes* Ergebnis war sein letztes Buch: *Die helle Kammer*.

Seinen Text des Lebens versucht der sehende Barthes als Licht-Schrift, als Photo-Graphie, zu lesen. Und in wenigen Wochen entstand jenes Buch, von dem Jacques Derrida in seinem Nachruf auf Roland Barthes zu Recht behaupten konnte, es habe, kurz vor dem Tod des Autors erschienen, »wie nie zuvor ein Buch seinem Autor die Totenwache gehalten«[71]. Barthes' »Bemerkung über die Photographie« (so der Untertitel) ist jedoch zugleich ein Buch des Lebens, insofern die intime Verklammerung von Texten und Bildern, von Schriftbild und Bildschrift ein lebendiges ikonotextuelles Oszillieren erzeugt, in dem sich Bild und Text wechselseitig durchdringen.

Dieses Oszillieren erfasst auch den Körper des (impliziten oder expliziten) Autors selbst, wie die Reflexionen des Ich angesichts der eigenen photographischen Pose – eine jener Körperstellungen, die Barthes' Werk kontinuierlich durchlaufen – belegen:

»Doch sehr oft (zu oft, wie ich finde) wußte ich, daß ich photographiert wurde. Sobald ich nun das Objektiv auf mich gerichtet fühle, ist alles anders: Ich nehme eine ›posierende‹ Haltung ein, schaffe mir auf der Stelle einen anderen Körper, verwandle mich bereits im voraus zum Bild. Diese Umformung ist eine aktive: Ich spüre, daß die *Photographie* meinen Körper erschafft oder ihn abtötet, ganz nach ihrer Lust [...] Ich beschließe also, auf meinen Lippen und in meinen Augen ein leichtes Lächeln ›spielen zu lassen‹, das ›undefinierbar‹ wirken und mit den mir eigenen Qualitäten zugleich zu lesen geben soll, daß ich das ganze photographische Zeremoniell amüsiert über mich ergehen lasse: Ich gehe auf das Gesellschaftsspiel ein, ich posiere, weiß, daß ich es tue, will, daß ihr es wißt, und doch soll diese zusätzliche Botschaft nicht im mindesten das kostbare Wesen meiner Individualität verfälschen (fürwahr die Quadratur des Kreises): Das, was ich bin, unabhängig von jedem Bildnis [...]. Vor dem

Objektiv bin ich zugleich der, für den ich mich halte, der, für den ich gehalten werden möchte, der, für den der Photograph mich hält, und der, dessen er sich bedient, um seine Kunst vorzuzeigen.« (CC, OC III, 1115-1117; vgl. HK, 18-22)

Die Photographie des Autors, der uns hier anblickt, soll *gelesen* werden als ein Spiel von Kräften, die keineswegs allein vom Photographierten oder vom Photographierenden her kontrolliert werden können. Denn die komplexe Lesbarkeit der Photographie reicht weit über die Intentionalität von Porträtiertem oder Porträtierendem hinaus und führt vor, wie sehr die Lichtschrift sich des Körpers bemächtigt. Photographien werden darüber hinaus als künstlerische Ausdrucksformen immanenter Poetik lesbar, insofern sich die hier entfaltete Theorie als *gelebte* und zugleich als inszenierte Theorie erweist. Und mehr noch: In der (Porträt-)Photographie – dies zeigen die angeführten Überlegungen – wird Theorie zuallererst sichtbar gemacht und geradezu kubistisch, aus verschiedenen Blickwinkeln zugleich, als Lebens-Bild vorgeführt.

Damit lässt sich die zweifellos wichtigste und bis heute folgenreichste Unterscheidung in Verbindung bringen, die Barthes in *Die helle Kammer* einführte: jene zwischen *Studium* und *Punctum*. Während sich beim Studium der Betrachter dem Bild zuwendet, um die unterschiedlichsten Aspekte des (wissenschaftlich) Wissbaren zu studieren, dreht sich beim Punctum die Bewegungsrichtung zwischen der Photographie und ihrem Betrachter um: »Diesmal bin nicht ich es, der es aufsucht (wohingegen ich das Feld des Studiums mit meinem souveränen Bewußtsein ausstatte), sondern das Element selbst schießt wie ein Pfeil aus der Szene hervor, um mich zu durchbohren.« (CC, OC III, 1126; vgl. HK, 35) Und weiter: Das *Punctum* einer Photographie sei »jener Zufall an ihr, der *mich besticht* (mich aber auch verwundet, trifft)« (CC, OC III, 1126; vgl. HK, 36). Kein Wunder, dass in diesem wiederum mit zahlreichen Biographemen ausgestatteten Buch von Barthes das Punctum deutlich auf Kosten des Studiums in den Mittelpunkt rückt. Denn *Die helle Kammer* ist eine überaus anregende Theorie der Photographie, zugleich und vor allem aber ein hochkreatives ikonotextuelles Schreiben *mit* der Photographie.

Es ließe sich durchaus behaupten, dass Roland Barthes den Komplexitätsgrad an Unterscheidungen, die er seit Ende der 1960er Jahre eingeführt und in seiner Analyse von »Der dritte Sinn: Bemerkungen zur Erforschung einiger Photogramme von S. M. Eisenstein« (1970) paradigmatisch entfaltet hatte, in *Die helle Kammer* bewusst reduzierte. Dadurch gelang es ihm, gleichsam den Text des Lebens mit all seinen Biographemen wesentlich präziser und aufwendiger ausgestalten zu können. Man könnte hier von einem teilweisen Verlernen der Theorie sprechen, das den Freiraum für das neue, nicht zuletzt literarisch erzeugte Wissen eröffnen sollte. Ein Verlernen, das definitorische Setzungen und Grenzziehungen nicht ausblendet, aber gerne unterspült, durchlässig macht und in Bewegung setzt.

Es überrascht wenig, wenn gleich im *incipit*, also dem Beginn des ersten Kapitels des ersten von zwei Teilen, eine erste Person Singular als Subjekt (-fiktion) erscheint und Proust'sche Untertöne vernehmbar werden: »Eines Tages, vor recht langer Zeit, stieß ich auf eine Photographie des jüngsten Bruders von Napoleon, Jerôme (1852).« (CC, OC III, 1111; vgl. HK, 11) Das Ich beugt sich sogleich über eine Serie von Photographien, nimmt die Haltung des *Studiums* ein, wobei dem Zufall der Auswahl von Beginn an eine große Rolle zukommt. Vor der häufig anzutreffenden Gleichsetzung des Ich mit dem textexternen Autor Roland Barthes sollte man sich hüten, setzt hier doch ein Spiel mit Subjektpositionen ein, wie wir dies etwa aus *Roland Barthes von Ro-*

land Barthes kennen. Das in zwei Teile und 48 durchnummerierte Kapitel eingeteilte Buch besitzt einen ausgeprägt friktionalen Charakter, der durch die wechselseitige Reflexion von Bildern und Texten noch verstärkt wird.

Die Photographie ist in *Die helle Kammer* weniger (existenzialistisches) Zeugnis eines Da-Seins als eines einmaligen und nie mehr wiederholbaren Dagewesen-Seins: Ihr ist ein »Dies ist gewesen« (*ça a été*) inhärent, das die Photographie als Zeugnis des Lebens *zugleich* zu einem Zeugnis des Todes macht. In jeder Photographie sei immer schon »die Rückkehr des Toten« (CC, OC III, 1114; vgl. HK, 17) enthalten. Der Gedanke an den Tod, der jeder Photographie innewohnt, ist jedoch mit dem Gedanken an einen bestimmten Tod, an eine bestimmte Tote, verknüpft:

»Jedesmal, wenn ich etwas über die *Photographie* las, dachte ich an jenes geliebte Photo, und das brachte mich in Rage. Denn *ich* sah immer nur den Referenten, das begehrte Objekt, den geliebten Körper; doch eine lästige Stimme (die Stimme der Wissenschaft) sagte mir dann in strengem Ton: ›Kehr zur Photographie zurück. Was Du hier siehst und was Dich leiden macht, fällt unter die Kategorie ‚Amateurphotographie', das ein Soziologenteam behandelt hat […]‹.« (CC, OC III, 1113; vgl. HK, 15)[72]

Deutlich wird hier eine auf das (eigene) Leben bezogene von einer wie die Stimme eines Über-Ich funktionierenden wissenschaftlichen Dimension unterschieden, wobei das Bild des geliebten Wesens, des geliebten Körpers, in jeder Photographie aufscheint und nicht einfach weg-gedacht werden kann. Erneut erscheinen hier jene vervielfachten Doppelungen zwischen Buch der Photographie und Buch der Mutter, Buch des Lebens und Buch des Todes, Buch der Theorie und Buch der Literatur, die nicht einfach übereinander gelegt werden können. *Die helle Kammer* führt auf kunstvolle Weise vor, wie diese Doppelungen nicht als Gegensätze, sondern als sich wechselseitig semantisierende Pole eines Bewegungsraums gedacht und geschrieben werden können, der sich gleichwohl nicht auf das *Studium*, sondern das *Punctum* konzentriert.

Die verschiedenartigsten Photographien unterschiedlichster Künstler werden in der Folge nur am Rande einer wissenschaftlichen Betrachtung, einem Studium, zugeführt. Denn der Ich-Erzähler setzt sich vielmehr absolut und in einen direkten, unvermittelten Bezug zu den Photographien: »ich verabschiede alles Wissen, jegliche Kultur, ich verzichte darauf, einen anderen Blick zu beerben« (CC, OC III, 1144; vgl. HK, 60). Man kann in dieser Geste zweifellos die Bekräftigung des Verlernens, die Verweigerung der Anwendung des einst Gelernten und Eingeübten erkennen. Wird hier nicht das Wissen selbst verabschiedet?

Die Geste beschränkt den Bereich des Studiums und eröffnet das Reich des Punctums, so dass an die Stelle eines ebenso ererbten wie erworbenen (wissenschaftlichen) Wissens nun ein anderes Wissen tritt, das mit dem Leben und Erleben unmittelbar verbunden ist. Ohne die Einführung einer Ich-Figur wäre ein solches Wissen literarisch freilich kaum adäquat darstellbar gewesen. *Die helle Kammer* verbindet das Lebenswissen der Theorie, der Wissenschaft, mit jenem einer Literatur, die neue Wege sucht und neues Wissen erschließt. Es ist ein Wissen im Zeichen des Lebens – und damit selbstverständlich auch des Todes.

Wissen im Zeichen des Lebens

Es sind stets winzige Details, oft übersehene Bildelemente, die das Ich treffen, betreffen und verletzen: eine Perlenkette, Schnürsenkel, ein Blick, von denen urplötzlich eine Verletzung ausgeht, die auch lustvoll sein kann. Vor allem im zweiten, ebenfalls vierundzwanzig Kapitel umfassenden Teil nimmt das Punctum, diese Verletzung, eine alles beherrschende und zugleich textgenerierende Rolle ein. Wie schon im *incipit* des ersten Teils ist Proust präsent:

»Nun, an einem Novemberabend, kurz nach dem Tod meiner Mutter, ordnete ich Photos. Ich hoffte nicht, sie ›wiederzufinden‹, ich versprach mir nichts von ›diesen Photographien einer Person, durch deren Anblick man sich weniger an diese erinnert fühlt, als wenn man nur an sie denkt‹ (Proust). Ich wußte wohl, daß ich aufgrund dieser Fatalität, der einer der gräßlichsten Züge der Trauer ist, vergeblich die Bilder befragen würde, denn ich würde mir ihre Züge niemals mehr ins Gedächtnis rufen können (sie in ihrer Ganzheit zu mir rufen).« (CC, OC III, 1155; vgl. HK, 73)

Die narrative Einbettung erweist das Schreiben als ein Anschreiben gegen den Tod der Mutter, als ein Hörbarmachen jenes Schreis, der nur im Schreiben in eine das Erlebte entfaltende Sequenz transformiert werden kann. Es ist ein Schrei, der Wissen um den Tod und deshalb Lebenswissen ist, das literarisch im *Schrei*ben (wie der *cri* in der *écriture*) verdichtet werden kann. Der alltägliche Umgang mit der Trauer, die Trauerarbeit also, hat die Einsicht erzeugt, dass die Züge des geliebten Gesichts – gerade auch mithilfe von Photographien – nicht mehr zurückzugewinnen sind. Hiergegen schreibt und schreit das Schreiben an, wird zu dem Widerstand, der als ästhetische Widerständigkeit allem Vergessen etwas entgegenstellt, was helfen könnte, Zukunft – und damit Leben – zu gewinnen. Anders als die Photographie entfaltet die Literatur hier ihre Fähigkeit, Lebenswissen zu generieren.

Die Suche des Ich nach der Wahrheit des geliebten Gesichts findet folglich im Dagewesensein der Photographie keinen Halt, keine Befriedigung. Und doch wird diese Wahrheit – und eben hier verbinden sich bei Barthes die beiden Pole von Literatur und

Photographie so, wie sich bei Proust die Seite von Swann mit der Seite der Guermantes verbindet – urplötzlich in einer alten Photographie zugänglich, in der die Ich-Figur die Mutter als fünfjähriges Mädchen mit ihrem zwei Jahre älteren Bruder in einem Wintergarten erkennt. Ganz im Proust'schen Sinne erwächst hieraus ein *Schreib*projekt gegen den Tod der Mutter, gegen den eigenen Tod, im doppelten Wettlauf mit einem Ver*lust*, aus dem nur das Schreien im Schreiben noch eine letzte Lust erhoffen kann:

»Nun, da sie tot war, hatte ich keinerlei Grund mehr, mich dem Gang des Höheren Lebens (der Spezies) anzupassen. Meine Singularität würde sich nie mehr ins Universale wenden können (es sei denn, utopisch, durch das Schreiben, das Projekt, das seitdem zum alleinigen Ziel meines Lebens werden sollte). Ich konnte nur noch auf meinen vollständigen, undialektischen Tod warten.

Das war es, was ich in der *Photographie* aus dem Wintergarten las.« (CC, OC III, 1161; vgl. HK, 82)

So wird vermittels der Lektüre *Die helle Kammer* zum Totenbuch, zum Buch einer Toten und eines (bald schon) Toten, das zugleich aber zum LebensText wird, insofern das Subjekt nun das Schreiben als das alleinige Ziel seines Lebens erkennt. Im Schreiben schreit die hoffnungslose, aber auch bedingungslose Widerständigkeit einer künstlerischen Tätigkeit auf, die anders als das »Dies ist gewesen« (*ça a été*) der Photographie die Künftigkeit einer gegenwärtigen Zukunft zu gewinnen vermag. Auch wenn diese – wie das Ich sehr wohl weiß – doch immer nur gestundete Zeit, ein Sein zum Tode ist, ein individuelles Leben, das vom Leben der Spezies nicht mehr aufgefangen werden kann. Denn die Zukunft kann als vergangene Zukunft, wie sie im Bild des kleinen Mädchens aufscheint, bald schon abgelaufen sein.

Doch in der Dunkelkammer von Barthes' *Camera lucida* wird etwas von jener stets historisch verankerten überzeitlichen Dauer erkennbar, die der Sohn sich im *Tagebuch der Trauer* durch sein Schreiben für seine Mutter erhoffte. Literatur kann dieses Lebenswissen und ZusammenLebensWissen auf der Proust'schen Suche nach der verlorenen Zeit auf Dauer stellen. Die Lektüre jenes Photos der Mutter im Wintergarten, das anderen nicht gezeigt werden kann, weil es für diese nur »irgendein« Photo und für die Wissenschaft letztlich unerreichbar (oder uninteressant) bliebe (CC, OC III, 1161; vgl. HK, 83), wird über die Ich-Figur, die vielfach mit den Biographemen des textexternen Roland Barthes ausgestattet ist, mit dem Erleben eines lebenslangen Zusammenlebens in Beziehung gesetzt: »Man glaubt stets, daß ich mehr leide, weil ich mein ganzes Leben mit ihr gelebt habe; doch mein Leiden rührt davon, *wer sie war*; und weil sie war, wer sie war, habe ich mit ihr gelebt.« (CC, OC III, 1162; vgl. HK, 85) Aus dem Leben mit der Mutter kann das Leben der Mutter literarisch, nicht photographisch, neu beleuchtet werden.

Die Trauerarbeit, so die Ich-Figur in *La Chambre claire*, lösche entgegen der landläufigen Meinung den Schmerz nicht aus. Der Verlust sei und bleibe unersetzlich, weil er nicht eine Figur (die der Mutter), sondern ein Wesen mit einer bestimmten Qualität getroffen habe (CC, OC III, 1162 f.; vgl. HK, 85). Die Position des Ich klärt sich daher: »Ich konnte ohne die *Mutter* leben (wir alle tun dies früher oder später); aber das Leben, das mir blieb, würde mit Sicherheit und bis zum Ende *unqualifizierbar* (ohne Qualität) sein.« (CC, OC III, 1163; vgl. HK, 85) Damit droht dem Ich das, was zuvor als Armut des Lebens bezeichnet worden war: eine Armut, der Barthes stets den Reichtum der Sprache entgegensetzte.

Die hohe Frequenz des Lexems »Leben« (*vie, vivre, vivant* etc.) taucht die zentralen Passagen von *Die helle Kammer* in ein dunkles Licht, in dessen Schein der Tod nicht ohne das Leben und das Leben nicht ohne den Tod gesehen und gedacht werden kann. Es sind Figuren eines Diskurses der Liebe, die sich in die Form eines LebensTextes, eines Totenbuches, integriert haben. Denn der Photographie, die als Porträtbild Leben zeigt, wohnt immer schon der Tod inne, ja mehr noch: Das Photo selbst kann den Tod bringen, wie es jenen Kämpfern der Pariser Commune widerfuhr, die sich siegreich auf den Barrikaden ablichten ließen, um nach der Niederschlagung des Pariser Arbeiteraufstands anhand dieser Photos identifiziert und von Regierungstruppen ohne großes Federlesen exekutiert zu werden. Sie bezahlten ihre Posen vor dem Objektiv »teuer«, sie bezahlten ihre Photographien »mit ihrem Leben« (CC, OC III, 1115; vgl. HK, 19).

Die Vergegenwärtigung (wie die Verewigung) der Mutter kann folglich nicht über das Medium der Photographie, sondern muss über jenes der Schrift erfolgen. Die Mutter aller Photographien in diesem Band, die Photographie der Mutter, wird als einzige nicht gezeigt, wird nicht preisgegeben, so als wäre der Preis hierfür zu hoch. Das lange vor Roland Barthes' Geburt aufgenommene Photo im Wintergarten, das ein fünfjähriges Mädchen zeigt, wurde aus jener Galerie von Photos exkludiert, in die es in der Form des Schrift-Bildes wiederum inkludiert wurde. So ist das Buch, das eine bis heute wirkmächtige Theorie der Photographie entfaltet, wie ein menschliches Auge aufgebaut: In seinem leeren Zentrum, leicht verschoben, kündet ein blinder Fleck von der Präsenz der Absenz, von der Inklusion der Exklusion. Die Vergegenwärtigung der Mutter kommt in der Form des Buches ohne ihre Photographie aus. Sie wird literarisch dem Vergessen entrissen.

Wie in *Das Reich der Zeichen* ist die Gesamtstruktur des Bandes um ein leeres Zentrum aufgebaut: *centre ville – centre vide*. In *Die helle Kammer* zeigt Robert Mapplethorpes Photographie eines jungen Mannes mit ausgestrecktem Arm (CC, OC III, 1150; vgl. HK, 69) an der Schnittstelle des Buches nicht nur auf den Übergang zwischen erstem und zweitem Teil, sondern auch auf das, was nicht zu sehen ist: das Photo der Mutter als Tochter, das uns vom Sohn nur durch eine bruchstückhafte Ekphrasis vor Augen geführt wird. Hier wird die Zeigung des Nicht-Sichtbaren zur Zeugung dessen, was nicht mehr gesehen werden kann, was nicht mehr ist und doch nicht aufhören soll zu sein. In der hellen Kammer Roland Barthes' leben die Toten.

Der blinde Fleck im Auge des Buches wird doppelt markiert: Denn die der Photographie Mapplethorpes im zweiten Teil unmittelbar folgende Photographie stammt von Félix Nadar und trägt den vieldeutigen Titel »Mutter oder Frau des Künstlers«. Das Porträt der weißhaarigen Frau wird zur Platzhalterin, die auf die Lücke, aber auch auf den Künstler selbst zurückverweist. Das letzte Bild des ersten und das erste Bild des letzten Teils bilden die Fassung dessen, was photographisch nicht erfassbar ist, was literarisch jedoch erlebbar gemacht werden kann.

Die Rekurrenz des leeren Zentrums, die sich seit den fünfziger Jahren durch das Gesamtwerk von Roland Barthes hindurch verfolgen lässt,[73] zeigt sich auch in jener *Camera lucida*, deren Bildprojektionen durch eine Leere im Zentrum einer Fläche erzeugt werden. Nicht in der Dunkelkammer der Photographie, sondern in der hellen Kammer des Schreibens hat Roland Barthes die prospektive Kraft seiner Kunst entfaltet. Mit guten Gründen konnte er darauf vertrauen, seiner Mutter mit den Mitteln der Sprache ein literarisches Denkmal zu schaffen, das durch keine Beigabe einer Photographie hätte kreiert werden können. *Die helle Kammer* macht die Mutter zwar nicht mehr lebendig, lässt das Bild der Mutter aber literarisch lebendig werden.

Ob als gelebte Theorie oder als Theorie des Lebens: Das Denken und Schreiben von Roland Barthes steht von seinem ersten bis zu seinem letzten Text im Zeichen des Lebens. In der Figur des Schreibens als Leben-Wollen wie in der Konfiguration des Lebens als Schrift, die dank des Lesers den Tod des Autors überstrahlt, findet das Leben nicht nur Eingang in den Text, sondern es verwandelt den Text in ein lebendiges Gewebe des Künftigen.

Im Herzen des Barthes'schen Gesamtwerks stehen stets die Zeichen des Lebens – in den Mythologien des Alltags, im Abenteuer der Semiologie, in den Codes der Literatur, im Diskurs der Liebe, in der Lust am Text. Roland Barthes hat diesen Zeichen dank der hohen Frequenz und Intensität, die das Wörtchen »Leben« in seinen Schriften besitzt, immer wieder neue Wendungen, neue Verwendungen gegeben. Und für sich selbst wie für seine Schriften ein Lesepublikum gewonnen, das wie der Umfang seines publizierten Schaffens auch nach seinem Tod immer weiter angewachsen ist und weiter anwachsen wird.

In einer Zeit, in der das biotechnologisch-medizinische Fächerensemble der *Life Sciences* uns glauben machen will, der Lebensbegriff könne von der gesamten Breite des Kulturellen gelöst und abgetrennt werden, die das griechische *bios* noch besaß, widersetzen sich die Schriften Roland Barthes' vehement einer solchen Verarmung unseres Vokabulars. Nicht umsonst hat Barthes als Literaturwissenschaftler und Linguist, als Kultur- und als Zeichentheoretiker, als Schriftsteller und Philosoph die auf die Zukunft gerichtete Lebenskraft der Literatur stets in ihrer Dynamik vor Augen geführt. Denn die Literatur ist, wie er 1977 in seiner Vorlesung über das Zusammenleben pointiert betonte, *toujours en avance sur tout*, sie ist immer allem anderen mindestens eine Nasenlänge voraus (CE, 167; vgl. WL, 198).

In diesem prospektiven Sinne war Barthes' Lebenswissenschaft ihrer Zeit zugleich verhaftet und doch ein gutes Stück voraus. Sie hat ein Wissen im Zeichen des Lebens entworfen und ist, dank ihrer unbändigen Lust am Text, für die Entwürfe des Künftigen eben dies: ein faszinierendes und herausforderndes LebensZeichen.

Anmerkungen

1 Barthes, Roland: Mythologies. In (ders.): *Œuvres complètes*. Bde. I-III. Edition établie et présentée par Eric Marty. Paris: Seuil 1993-1994, hier Bd. I, S. 719. Ich zitiere im Fortgang – wenn nicht anders angegeben – nach dieser Werkausgabe *OC* unter Angabe von Band- und Seitenzahl; dabei werden die im Siglenverzeichnis aufgeführten Abkürzungen vorangestellt, sofern der entsprechende Text gesondert veröffentlicht wurde. Deutsche Übersetzungen werden daran anschließend mit Sigle und Seitenzahl angeführt, für das o.a. Zitat somit: (MY, OC I, 719; vgl. MA, 316).
2 Der im Literatur- und Siglenverzeichnis aufgeführte Titel der deutschen Übersetzung von *Fragments d'un discours amoureux* lautet *Fragmente einer Sprache der Liebe*. Ich erlaube mir, die Titelgebungen an den französischen Originaltexten auszurichten. Wo nicht anders angegeben, stammen die Übersetzungen vom Verfasser (O.E.).
3 Vgl. Algalarrondo, Hervé: *Les derniers jours de Roland B.* Paris: Stock 2006. Eine deutsche Ausgabe liegt vor unter dem Titel *Der langsame Tod des Roland Barthes*. Aus dem Französischen von Dino Heicker. Berlin: Parthas 2010.
4 Vgl. hierzu Ette, Ottmar: Paradoxer Meisterdenker. Roland Barthes' Fragmente eines Intellektuellen-Diskurses. In: *Frankreich-Jahrbuch* (Opladen 1998), S. 79-104; vgl. zum Gesamtwerk auch ders.: *Roland Barthes. Eine intellektuelle Biographie*. Frankfurt am Main: Suhrkamp 1998.
5 Zum Begriff der *figura* vgl. auch Auerbach, Erich: Figura. In (ders.): *Gesammelte Aufsätze zur romanischen Philologie*. Herausgegeben von Fritz Schalk und Gustav Konrad. Bern – München: Francke 1967, S. 55-92.
6 Vgl. hierzu Schlaffer, Heinz: Roland Barthes' Intelligenz. In: *Merkur* (Berlin) LIII, 1 (Januar 1999), S. 62-68.

7 Vgl. hierzu Ette, Ottmar: Von hergestellter Dummheit und inszenierter Intelligenz. In: Wertheimer, Jürgen/Zima, Peter V. (Hg.): *Strategien der Verdummung. Infantilisierung in der Fun-Gesellschaft*. München: Beck 2001, S. 119-138.
8 Vgl. hierzu u.a. Kristeva, Julia: La productivité dite texte. In (dies.): *Séméiôtikè. Recherches pour une sémanalyse*, Paris: Seuil 1969, S. 147-184.
9 De Man, Paul: Roland Barthes and the Limits of Structuralism. In: *Yale French Studies* (New Haven) LXXVII (1990), S. 177f.
10 Vgl. hierzu Ette, Ottmar: Barthes-photo: réflexions sur le lieu de l'écriture. In: *Lendemains* (Berlin) XXI, 84 (1996), S. 28-38.
11 Vgl. Bourdieu, Pierre: *Homo academicus*. Paris: Minuit 1984.
12 Snow, C.P.: *The Two Cultures*. With Introduction by Stefan Collini. Cambridge: Cambridge University Press 1993, S. 10.
13 Vgl. Ette, Ottmar: *ÜberLebensWissen I-III*. Berlin: Kadmos 2004-2010 sowie die Debatte um die Programmschrift »Literaturwissenschaft als Lebenswissenschaft« in Asholt, Wolfgang/Ette, Ottmar (Hg.): *Literaturwissenschaft als Lebenswissenschaft. Programm – Projekte – Perspektiven*. Tübingen: Narr 2010.
14 Vgl. Gumbrecht, Hans Ulrich: Posthistoire Now. In: Gumbrecht, Hans Ulrich/Link-Heer, Ursula (Hg.): *Epochenschwellen und Epochenstrukturen im Diskurs der Literatur- und Sprachhistorie*. Frankfurt am Main: Suhrkamp 1985, S. 34-50.
15 Sartre, Jean-Paul: *Was ist Literatur?* Herausgegeben, neu übersetzt und mit einem Nachwort von Traugott König. Reinbek bei Hamburg: Rowohlt 1981, S. 16.
16 Vgl. hierzu Starobinski, Jean: *Wörter unter Wörtern. Die Anagramme von Ferdinand de Saussure*. Frankfurt am Main – Berlin – Wien: Ullstein 1980.
17 Vgl. hierzu auch Ette, Ottmar: *Roland Barthes. Eine intellektuelle Biographie*, S. 385f.
18 Vgl. Deleuze, Gilles/Guattari, Félix: Das Jahr Null – Gesichtlichkeit. In: Bohn, Volker (Hg.): *Bildlichkeit. Internationale Beiträge zur Poetik*. Frankfurt am Main: Suhrkamp 1990, S. 434.
19 »Wissenschaft, welche das Leben der Zeichen im Schoß des sozialen Lebens untersucht«; vgl. Saussure, Ferdinand de: *Cours de Linguistique Générale*. Publié par Charles Bally et Albert Sechehaye. Avec la

collaboration de Albert Riedlinger. Edition critique préparée par Tullio de Mauro. Paris: Payot 1975, S. 33.

20 Lotman, Jurij M.: *Die Struktur literarischer Texte*. Übersetzt von Ralf-Dietrich Keil. München: Fink ²1981, S. 77.

21 Vgl. zu dieser Problematik Luhmann, Niklas: Inklusion und Exklusion. In (ders.): *Soziologie der Aufklärung 6. Die Soziologie und der Mensch*. 3. Auflage. Wiesbaden: Verlag für Sozialwissenschaften 2008, S. 226-251.

22 Vgl. hierzu Hargreaves, Alec G.: A Neglected Precursor: Roland Barthes and the Origins of Postcolonialism. In: Murdoch, H. Adlai/ Donadey, Anne (Hg.): *Postcolonial Theory and Francophone Literary Studies*. Gainesville: University Press of Florida 2005, S. 55-64.

23 Vgl. hierzu das vierte Kapitel in Ette, Ottmar: *Roland Barthes. Eine intellektuelle Biographie*, S. 131-167.

24 Vgl. hierzu Ette, Ottmar: *Roland Barthes. Eine intellektuelle Biographie*, S. 199-242.

25 Vgl. Calvet, Louis-Jean: *Roland Barthes. Eine Biographie*, S. 187.

26 Picard, Raymond: *Nouvelle critique ou nouvelle imposture*. Paris: Pauvert 1965.

27 Zur Biographie vgl. Calvet, Louis Jean: *Roland Barthes. Eine Biographie*. Aus dem Französischen von Wolfram Bayer. Frankfurt am Main: Suhrkamp 1993.

28 Vgl. hierzu Bourdieu, Pierre: *Homo academicus*, Paris, Minuit 1984, S. 145.

29 Vgl. hierzu auch Heitmann, Klaus: *Der Immoralismus-Prozeß gegen die französische Literatur im 19. Jahrhundert*. Bad Homburg – Berlin – Zürich: Gehlen 1970.

30 Foucault, Michel: *Die Ordnung der Dinge. Eine Archäologie der Humanwissenschaften*. Übersetzt von Ulrich Köppen. Frankfurt am Main: Suhrkamp 1974, S. 462.

31 Vgl. hierzu auch Miller, Felicia: A View from the Tower: Barthes and the Aesthetic Tradition. In: *Pacific Coast Philology* XX, 1-2 (november 1985), S. 80-88.

32 Die OC enthalten nur den Text Barthes'; Abbildungen finden sich in der Ausgabe: Barthes, Roland: *La Tour Eiffel*. Photographies d'André Martin. Paris: Delpire 1964, S. 12.

33 Vgl. zur Urbanität auch Boglioli, Giovanni: La semiopoli di Roland Barthes. In: *Studi di Letteratura Francese* XI (1985), S. 244 257.
34 Vgl. hierzu ausführlich Ette, Ottmar: *Roland Barthes. Eine intellektuelle Biographie*, S. 244-284.
35 Vgl. Foucault, Michel: Qu'est-ce qu'un auteur? In: *Bulletin de la Société Française de Philosophie* (Paris) 63 (1969), S. 73-95; eine deutschsprachige Übersetzung findet sich in Foucaults *Schriften zur Literatur*. Aus dem Französischen von Karin von Hofer und Anneliese Botond. Frankfurt am Main: Fischer 1988, S. 7-31.
36 Vgl. hierzu Frank, Manfred: *Was ist Neostrukturalismus?* Frankfurt am Main: Suhrkamp 1984.
37 Eine leicht zugänglich Ausgabe dieser wichtigen kollektiven Veröffentlichung findet sich in Tel Quel: *Théorie d'ensemble (choix)*. Paris: Seuil 1980.
38 Derrida, Jacques: La différance. In: Tel Quel: *Théorie d'ensemble*, S. 53.
39 Zu diesen Traditionslinien vgl. Frank, Manfred: *Der kommende Gott. Vorlesungen über die Neue Mythologie*. Erster Teil. Frankfurt am Main: Suhrkamp 1982.
40 Vgl. zur Rezeptionsgeschichte Barthes' mein diesbezügliches Kommentarkapitel in Barthes, Roland: *Die Lust am Text*, S. 390-407.
41 Vgl. das Standardwerk von Said, Edward W.: *Orientalism*. New York: Vintage Books 1979.
42 Mit diesem einzigen Adjektiv wird *Die Lust am Text* abgefertigt in Kern, Andrea: Schöne Lust. Eine Theorie der ästhetischen Erfahrung nach Kant. Frankfurt am Main: Suhrkamp 2000, S. 9.
43 Vgl. hierzu meinen bereits angeführten Kommentar in Barthes, Roland: *Die Lust am Text*, S. 390-407.
44 Vgl. hierzu Rice, Donald/Schofer, Peter: «S/Z»: Rhetoric and Open Reading. In: *L'Esprit créateur* (Baton Rouge) XXII, 1 (spring 1982), S. 20-34.
45 Thody, Philip: *Roland Barthes: A Conservative Estimate*. London – Basingstoke: The Macmillan Press 1977, S. 127.
46 Foucault, Michel: Was ist ein Autor?, S. 24.
47 Zur impliziten Narrativität dieser Theater- und Inszenierungsmetaphorik vgl. Atelier Brückner (Hg.): *Scenography/Szenographie. Making Spaces Talk/Narrative Räume. Projekte 2002 – 2010*. Ludwigsburg: av edition 2011.

48 Vgl. hierzu ausführlich meinen Kommentar in Barthes, Roland: *Die Lust am Text*, S. 136-149.
49 Vgl. hierzu auch seinen erstmals 1973 in der *Encyclopaedia Universalis* erschienenen Lexikonartikel Texte (théorie du) (Wiederabdruck in OC II, S. 1677-1689).
50 Vgl. zur Barthes'schen Sichtweise von Derrida Culler, Jonathan: At the Boundaries: Barthes and Derrida. In: Sussmann, Herbert L. (Hg.): *At the Boundaries*. Boston: Northeastern University Press 1984, S. 23-41.
51 Vgl. hierzu Arz, Maike: *Literatur und Lebenskraft. Vitalistische Naturforschung und bürgerliche Literatur um 1800*. Stuttgart: M&P Verlag für Wissenschaft und Forschung 1996.
52 Vgl. hierzu ausführlicher meinen Kommentar in Barthes, Roland: *Die Lust am Text*, S. 163-168.
53 Vgl. Menke, Christoph: *Kraft. Ein Grundbegriff ästhetischer Anthropologie*. Frankfurt am Main: Suhrkamp 2008.
54 Erneut sei hier verwiesen auf Auerbach, Erich: Figura, S. 55-92.
55 Foucault, Michel: Introduction. In (ders.): *Dits et écrits, 1954-1988*. Bd. III: 1976-1979. Edité par Daniel Defert, François Ewald avec la collaboration de Jacques Lagrange. Paris: Gallimard 1994, S. 440; englischsprachige Erstausgabe der »Introduction« in Canguilhem, Georges: *On the Normal and the Pathological*. Boston: D. Reidel 1978, S. ix-xx.
56 Vgl. hierzu Roche, Denis: Un discours affectif sur l'image. Propos recueillis par Bernard Comment. In: *Magazine littéraire* (Paris) 314 (octobre 1993), S. 65.
57 Vgl. hierzu Barthes' Anmerkung in Compagnon, Antoine (Hg.): *Prétexte: Roland Barthes*, S. 260.
58 Zur Komplexität dieser photographischen Galerie vgl. Ette, Ottmar: Sympathie für die Fiktion eines Subjekts: Roland Barthes' friktionales ÜberLebenSchreiben (im Druck).
59 Luhmann, Niklas: Inklusion und Exklusion, S. 227. Vgl. hierzu auch Stichweh, Rudolf: Inklusion/Exklusion, funktionale Differenzierung und die Theorie der Weltgesellschaft. In: <https://www.uni-bielefeld.de/%28de%29/soz/iw/pdf/stichweh_6.pdf> (8.4.2011).
60 Vgl. hierzu auch OC II, 1471 oder 1694.

61 Ein Versuch, Barthes' gesamtes Denken aus der Atopie zu verstehen, findet sich in Oster, Angela: *Ästhestik der Atopie: Roland Barthes und Pier Paolo Pasolini*. Heidelberg: Winter 2006.

62 Vgl. Heath, Stephen: Barthes on Love. In: *Sub-Stance: A Review of Theory and Literary Criticism* (Madison) XI-XII, 37-38 (1983), S. 100.

63 Vgl. hierzu den Beginn des zweiten Kapitels des ersten Bandes in Ette, Ottmar: *ÜberLebenswissen. Die Aufgabe der Philologie*. Berlin: Kadmos 2004; das Zitat Hugo Friedrichs lautet: »Eines aber darf gesagt werden: wie das Verstehen auch ausfällt, selbst auf der Versuchsstufe der Deutung, sein Gewinn ist, daß es wieder erwirbt, was es zunächst verlor: den Genuß. Es ist der zur Reflexion erhobene Genuß, der sich Rechenschaft gibt mittels des Wissens. [...] Wir scheuen uns nicht, die Wissenschaft von der Dichtung eine genießende Wissenschaft zu nennen.« Friedrich, Hugo: Dichtung und die Methoden ihrer Deutung, exemplifiziert an einem Sonett Ronsards. In: *Die Albert-Ludwigs-Universität Freiburg 1457-1957*. Freiburg: Hans Ferdinand Schulz 1957, S. 95-110; hier zitiert nach Steland, Dieter (Hg.): *Französische Literatur von Ronsard bis Boileau*. Frankfurt am Main: Fischer 1968, S. 17f.

64 Vgl. Rougemont, Denis de: *Die Liebe und das Abendland*. Mit einem Post-Scriptum des Autors. Aus dem Französischen von Friedrich Scholz und Irene Kuhn. Zürich: Diogenes 1987.

65 Vgl. Barthes, Roland: Le Discours amoureux. Séminaire à L'École pratique des hautes études 1974-1976. Suivi de »Fragments d'un discours amoureux« (pages inédites). Avant-propos d'Eric Marty. Présentation et édition de Claude Coste. Paris: Seuil 2007.

66 Ebd., S. 614f.

67 Vgl. Algalarrondo, Hervé: *Der langsame Tod des Roland Barthes* (2011).

68 Calvet, Louis-Jean: *Roland Barthes. Eine Biographie*, S. 268.

69 Vgl. zu dieser Dimension auch den Katalog der Ausstellung *R/B. Roland Barthes*. Sous la direction de Marianne Alphant & Nathalie Léger. Exposition présentée au Centre Pompidou, Galérie 2, 27 novembre 2002-10 mars 2003. Paris: Editions du Seuil – Editions du Centre Pompidou – IMEC 2002. Vgl. hierzu auch Ette, Ottmar: *Roland Barthes. Eine intellektuelle Biographie*, S. 445-449.

70 Das Kürzel bezieht sich auf Michel Salcedo, den Halbbruder Roland Barthes', der zu seinem literarischen Erben wurde.

71 Vgl. Derrida, Jacques: Les morts de Roland Barthes. In: *Poétique* (Paris) XII, 47 (septembre 1981), S. 269-292; hier zitiert nach Die Tode des Roland Barthes. In: Henschen, Hans-Horst (Hg.): *Roland Barthes*. München: Boer 1988, S. 33.
72 Barthes spielt am Ende ironisch an auf Bourdieu, Pierre et al. (Hg.): *Un art moyen. Les usages sociaux de la photographie.* Paris: Minuit 1965.
73 Vgl. hierzu Ette, Ottmar: *Roland Barthes. Eine intellektuelle Biographie*, S. 468 f.

Literatur- und Siglenverzeichnis

A. Werke von Roland Barthes

Gesamtausgaben

OC   *Œuvres complètes*. Edition établie et présentée par Eric Marty. 3 Bde. Paris: Seuil 1993-1995; nach dieser Ausgabe wird im vorliegenden Band zitiert. Hingewiesen sei auch auf die *Œuvres complètes en 5 tomes*. Nouvelle édition. Edition établie et présentée par Eric Marty. Paris: Seuil 2002.

Einzelausgaben (in alphabetischer Reihenfolge)

AS   *L'Aventure sémiologique*. Paris: Seuil 1985.
- SA   Deutsch: *Das semiologische Abenteuer*. Übersetzung Dieter Hornig. Frankfurt am Main: Suhrkamp 1987.

BL   *Le Bruissement de la langue*. Essais critiques IV. Paris: Seuil 1984.
- RS   Deutsch: *Das Rauschen der Sprache*. Kritische Essays IV. Übersetzung Dieter Hornig. Frankfurt am Main: Suhrkamp 1992.

CC   *La Chambre claire. Note sur la photographie*. Paris: Cahiers du Cinéma – Gallimard – Seuil 1980.
- HK   Deutsch: *Die helle Kammer. Bemerkungen zur Photographie*. Übersetzung Dietrich Leube. Frankfurt am Main: Suhrkamp 1985.

CE   *Comment vivre ensemble. Simulations romanesques de quelques espaces quotidiens. Notes de cours et de séminaires au Collège de France, 1976-1977*. Texte établi, annoté et présenté par Claude Coste. Paris: Seuil – IMEC 2002.
- WL   Deutsch: *Wie zusammen leben. Simulationen einiger alltäglicher Räume im Roman. Vorlesung am Collège de France 1976-1977*. Herausgegeben von Eric Marty. Texterstellung, Anmerkungen und Vorwort von Claude Coste. Aus dem Französischen von Horst Brühmann. Frankfurt am Main: Suhrkamp 2007.

CV   *Critique et vérité*. Paris: Seuil 1966.

	KW	Deutsch: *Kritik und Wahrheit*. Übersetzung Helmut Scheffel. Frankfurt am Main: Suhrkamp 1967.
D		*Le Degré zéro de l'écriture*. Paris: Seuil 1953.
	NL	Deutsch: *Am Nullpunkt der Literatur*. Übersetzung Helmut Scheffel. Hamburg: Claassen 1959; überarb. Ausg.: Frankfurt am Main: Suhrkamp 1982 (im vorliegenden Band wird nach dieser Ausgabe zitiert); Neuausg. 2006.
DA		*Le Discours amoureux. Séminaire à L'Ecole pratique des hautes études 1974-1976. Suivi de «Fragments d'un discours amoureux» (pages inédites)*. Avant-propos d'Eric Marty. Présentation et édition de Claude Coste. Paris: Seuil 2007.
EC		*Essais critiques*. Paris: Seuil 1964.
	LG	Deutsch: *Literatur oder Geschichte*. Übersetzung Helmut Scheffel. Frankfurt am Main: Suhrkamp 1969 (Auswahl aus *Essais critiques* und *Sur Racine*).
EM		*L'Empire des signes*. Paris – Genf: Flammarion – Skira 1970.
	RZ	Deutsch: *Das Reich der Zeichen*. Übersetzung Michael Bischoff. Frankfurt am Main: Suhrkamp 1981.
ES		*Eléments de sémiologie*. In: *Communications* 4 (1964); Buchausgabe zusammen mit *Le Degré zéro de l'écriture*. Paris: Seuil 1965.
	ESD	Deutsch: *Elemente der Semiologie*. Übersetzung Eva Moldenhauer. Frankfurt am Main: Syndikat 1979; Frankfurt am Main: Suhrkamp 1983.
ET		*Écrits sur le théâtre*. Textes réunis et présentés par Jean-Loup Rivière. Paris: Seuil 2002.
	ST	Deutsch: *Ich habe das Theater immer sehr geliebt, und dennoch gehe ich fast nie mehr hin: Schriften zum Theater*. Herausgegeben von Jean-Loup Rivière. Berlin: Alexander-Verlag 2001.
F		*Fragments d'un discours amoureux*. Paris: Seuil 1977.
	FL	Deutsch: *Fragmente einer Sprache der Liebe*. Übersetzung Hans-Horst Henschen. Frankfurt am Main: Suhrkamp 1984.
GV		*Le Grain de la voix. Entretiens 1962-1980*. Paris: Seuil 1981.
	KS	Deutsch: *Die Körnung der Stimme. Interviews 1962-1980*. Übersetzung A. Bucaille-Euler, B. Spielmann, G. Mahlberg. Frankfurt am Main: Suhrkamp 2002.
JD		*Journal de deuil. 26 octobre 1977-15 september 1979*. Texte établi et annoté par Nathalie Léger. Paris: Seuil – Imec 2009.

	TT	Deutsch: *Tagebuch der Trauer*. Textterstellung und Anmerkungen von Nathalie Léger. Aus dem Französischen von Horst Brühmann. München: Hanser 2010.
IN		*Incidents*. Paris: Seuil 1987.
	BI	Deutsch: *Begebenheiten. Incidents*. Übersetzung Hans-Horst Henschen. Mainz: Dieterich'sche Verlagsbuchhandlung 1988.
L		*Leçon. Leçon inaugurale de la Chaire de sémiologie littéraire du Collège de France, prononcée le 7 janvier 1977*. Paris: Seuil 1978.
	LL	Deutsch: *Leçon/Lektion. Antrittsvorlesung im Collège de France. Gehalten am 7. Januar 1977*. Übersetzung Helmut Scheffel. Frankfurt am Main: Suhrkamp 1980.
LN		*Le Neutre. Notes de cours au Collège de France 1977-1978*. Texte établi, annoté et présenté par Thomas Clerc. Paris: Seuil – Imec 2002.
	DN	Deutsch: *Das Neutrum. Vorlesung am Collège de France 1977-1978*. Herausgegeben von Eric Marty. Frankfurt am Main: Suhrkamp 2005.
M		*Michelet par lui-même*. Paris: Seuil 1954.
	MD	Deutsch: *Michelet*. Übersetzung Peter Geble. Frankfurt am Main: Europäische Verlagsanstalt 1980 (im vorliegenden Band wird nach dieser Ausgabe zitiert); Frankfurt am Main: Suhrkamp 1984.
MY		*Mythologies*. Paris: Seuil 1957.
	MA	Deutsch: *Mythen des Alltags*. Übersetzung Helmut Scheffel. Frankfurt am Main: Suhrkamp 1964 (Auswahl). Vollständige Ausgabe: Übersetzt von Horst Brühmann. Frankfurt am Main: Suhrkamp 2010 (im vorliegenden Band wird nach dieser Ausgabe zitiert).
NE		*Nouveaux Essais critiques, Le Degré zéro de l'écriture*. Paris: Seuil 1972.
OO		*L'Obvie et l'obtus. Essais critiques III*. Paris: Seuil 1982.
	ESS	Deutsch: *Der entgegenkommende und der stumpfe Sinn. Kritische Essays III*. Übersetzung Dieter Hornig. Frankfurt am Main: Suhrkamp 1990.
P		*Le Plaisir du texte*. Paris: Seuil 1973.
	LT	Deutsch: *Die Lust am Text*. Aus dem Französischen von Ottmar Ette. Kommentar von Ottmar Ette. Berlin: Suhrkamp 2010.

PR   *La Préparation du roman I et II. Notes de cours et de séminaires au Collège de France 1978-1979 et 1979-1980.* Texte établi, annoté et présenté par Nathalie Léger. Paris: Seuil-Imec 2003.

   VR   Deutsch: *Die Vorbereitung des Romans. Vorlesung am Collège de France 1978-1979 und 1979-1980.* Herausgegeben von Eric Marty. Texterstellung, Anmerkungen und Vorwort von Nathalie Léger. Aus dem Französischen von Horst Brühmann. Frankfurt am Main: Suhrkamp 2008.

R   *Sur Racine.* Paris: Seuil 1963.

RB   *Roland Barthes par Roland Barthes.* Paris: Seuil 1975.

   ÜMS   Deutsch: *Über mich selbst.* Übersetzung Jürgen Hoch. München: Matthes & Seitz 1978.

SE   *Sollers écrivain.* Paris: Seuil 1979.

SFL   *Sade, Fourier, Loyola.* Paris: Seuil 1971.

   SFD   Deutsch: *Sade, Fourier, Loyola.* Übersetzung Maren Sell und Jürgen Hoch. Frankfurt am Main: Suhrkamp 1974.

SM   *Système de la Mode.* Paris: Seuil 1967.

   SMD   Deutsch: *Die Sprache der Mode.* Übersetzung Horst Brühmann. Frankfurt am Main: Suhrkamp 1985.

SZ   *S/Z.* Paris: Seuil 1970.

   SZD   Deutsch: *S/Z.* Übersetzung Jürgen Hoch. Frankfurt am Main: Suhrkamp 1976.

TE   *La Tour Eiffel.* Photographies d'André Martin. Paris: Delpire 1964.

   ET   Deutsch: *Der Eiffelturm.* Übersetzung Helmut Scheffel. München: Rogner & Bernhard 1970.

TLT   *Texte zur Literaturtheorie der Gegenwart.* Herausgegeben und kommentiert von Dorothee Kimmich, Rolf Günter Renner und Bernd Stiegler; Stuttgart: Reclam 1996, S. 215-223.

V   *Variations sur l'écriture. Französisch – Deutsch.* Übersetzt von Hans-Horst Henschen. Mit einem Nachwort von Hanns-Josef Ortheil. Mainz: Dieterich'sche Verlagsbuchhandlung 2006.

B. Ausgewählte Forschungsliteratur

Zum Gesamtwerk

Badmington, Neil: *Roland Barthes: critical evaluation in cultural theory.* London: Routledge 2010.

Benelli, Graziano: *La scrittura inquieta. Introduzione all'opera di R. Barthes.* Roma: Edizioni dell'Ateneo 1981.

Bensmaïa, Réda: *Barthes à l'Essai. Introduction au texte réfléchissant*, Tübingen: Narr 1986.

Brown, Andrew: *Roland Barthes. The Figures of Writing.* Oxford: Clarendon Press 1992.

Calvet, Louis Jean: *Roland Barthes. Eine Biographie.* Aus dem Französischen von Wolfram Bayer. Frankfurt am Main: Suhrkamp 1993.

Culler, Jonathan: *Roland Barthes.* New York: Oxford University Press 1983.

Culler, Jonathan: *Barthes. A very short introduction.* Oxford: Oxford University Press 2002.

Ette, Ottmar: *Roland Barthes. Eine intellektuelle Biographie.* Frankfurt am Main: Suhrkamp 1998.

Fagès, Jean Baptiste: *Comprendre Roland Barthes.* Toulouse: Privat 1979.

Ferrer, Daniel: *Roland Barthes.* Paris: Place 2002.

Graham, Allen: *Roland Barthes.* London: Routledge 2003.

Kolesch, Doris: *Roland Barthes.* Frankfurt am Main: Campus 1997.

Lagorio, Silvia: *Introduzione a Roland Barthes. Dalla semiologia alla teoria della scrittura.* Prefazione di Tullio De Mauro. Firenze: Sansoni Editore 1986.

Lavers, Annette: *Roland Barthes: Structuralism and After.* Cambridge: Harvard University Press 1982.

Lund, Steffen Nordahl: *L'aventure du signifiant: une lecture de Barthes.* Paris: Presses Universitaires de France 1981

Marty, Éric: *Roland Barthes, le métier d'écrire. Essai.* Paris: Seuil 2006.

Mauriès, Patrick: *Roland Barthes.* Paris: Ed. Le Promeneur 1992.

Moriarty, Michael: *Roland Barthes.* Cambridge: Polity Press 1991.

Philippe, Gilles: *Roland Barthes.* Paris – Roma: Editions Memini 1996.

Ribière, Mireille: *Barthes.* London: Hodder & Stoughton 2002.

Röttger-Denker, Gabriele: *Roland Barthes zur Einführung*. Hamburg: Junius 1989.

Seabra, José Augusto: *Poética de Barthes*. Porto: Brasília Editora 1980.

Stafford, Andy: *Roland Barthes, Phenomenon and Myth. An Intellectual Biography*. Edinburgh: Edinburgh University Press 1998.

Thody, Philip: *Roland Barthes: A Conservative Estimate*. London – Basingstoke: The Macmillan Press 1977.

Wasserman, George R.: *Roland Barthes*. Boston: Twayne Publishers 1981.

Sammelbände und Kataloge

Alphant, Marianne/Léger, Nathalie (Hg.): *R/B. Roland Barthes*. Exposition présentée au Centre Pompidou, Galerie 2, 27 novembre 2002-10 mars 2003. Paris: Seuil – Editions du Centre Pompidou – IMEC 2002.

Badir, Sémir/Ducard, Dominique (Hg.): *Roland Barthes en «Cours» (1977-1980). Un style de vie*. Dijon: Editions Universitaires de Dijon 2009.

Bougnoux, Daniel (Hg.): *Empreintes de Roland Barthes*. Textes réunis à l'occasion du Colloque intitulé «Empreintes de Roland Barthes» organisé par l'INA le 13 juin 2008 à La Sorbonne (Paris). Nantes: Defaut 2009.

Compagnon, Antoine (Hg.): *Prétexte: Roland Barthes*. Colloque de Cerisy. Paris: Union Générale d'Editions – 10/18 1978.

Fabbri, Paolo/Pezzini, Isabella (Hg.): *Mitologie di Roland Barthes. I Testi e gli Atti*. Parma: Pratiche Editrice 1986.

Gane, Mike (Hg.): *Roland Barthes*. 3 Bde. London: Sage Publ. 2004.

Ginzburg, Carlo/Mondzain, Marie-José/Deguy, Michel/Culioli, Antoine (Hg.): *Vivre le sens*. Paris: Seuil 2008

Henschen, Hans Horst (Hg.): *Roland Barthes*. Mit Beiträgen zu seinem Werk von Jacques Derrida, Jean Pierre Richard, François Flahault, Gérard Genette, Tzvetan Todorov, Réda Bensmaïa, Serge Doubrovsky sowie einem unveröffentlichten Beitrag von Roland Barthes. München: Boer 1988.

Hofstede, Rokus/Pieters, Jürgen (Hg.): *Memo Barthes*. Nijmegen: Vantilt 2004.

Knight, Diana (Hg.): *Critical Essays on Roland Barthes*. New York: GK Hall and Co. 2000.

Mace, Mareille/Gefen, Alexandre (Hg.): *Barthes: au lieu du roman*. Paris: Desjonqueres 2002.
Pieters, Jürgen/Pint, Kris (Hg.): *Roland Barthes retroactively: reading the Collège de France lectures*. Edinburgh: Edinburgh University Press 2008.
Smith, Douglas (Hg.): *Mythologies at 50: Barthes and popular culture*. Nottingham: University of Nottingham 2008.
Sontag, Susan (Hg.): *A Barthes Reader*. New York: Hill and Wang 1982.
Themenschwerpunkt »Roland Barthes« der Zeitschrift *L'Arc* 56 (1974).
Themenschwerpunkt »Roland Barthes« der Zeitschrift *Poétique* 47 (1981).
Themenschwerpunkt »Roland Barthes« der Zeitschrift *Revue d'Esthétique* 2 (1981).
Themenschwerpunkt »Roland Barthes« der Zeitschrift *Communications* 36 (1982).
Themenschwerpunkt »Roland Barthes« der Zeitschrift *Critique* XXXVIII, 423-424 (août-septembre 1982).
Themenschwerpunkt »Roland Barthes« der Zeitschrift *L'Esprit créateur* XXII, 1 (spring 1982).
Themenschwerpunkt »Roland Barthes« der Zeitschrift *Textuel* 15 (1984).
Themenschwerpunkt »Roland Barthes« der Zeitschrift *La Règle du Jeu* (Paris) 1 (mai 1990).
Themenschwerpunkt »Roland Barthes« der Zeitschrift *Fotogeschichte* (Wien) XXIX, 114 (2009).

Zu einzelnen Schriften und Themen

Bannet, Eve Tavor: *Structuralism and the Logic of Dissent: Barthes, Derrida, Foucault, Lacan*. Urbana: University of Illinois Press 1989.
Barbe, Norbert-Bertrand: *Roland Barthes et la théorie esthétique*. Monzeuil-Saint-Martin: Bès Édition 2001.
Barbe, Norbert-Bertrand: *Petit dictionnaire des termes de l'esthétique barthésienne*. Mouzeuil-Saint-Martin: Bès Edition 2004.
Batchen, Geoffrey: *Photography degree zero: reflections on Roland Barthes' Camera Lucida*. Cambridge MA: MIT Press 2009.
Bayerl, Sabine: *Von der Sprache der Musik zur Musik der Sprache: Konzepte zur Spracherweiterung bei Adorno, Kristeva und Barthes*. Würzburg: Königshausen & Neumann 2002.

Behrens, Kai: *Ästhetische Obliviologie: Zur Theoriegeschichte des Vergessens.* Würzburg: Königshausen & Neumann 2005.

Berg, Ronald: *Die Ikone des Realen: zur Bestimmung der Photographie im Werk von Talbot, Benjamin und Barthes.* München: Fink 2001.

Bobillot, Jean Pierre: *La Momie de Roland Barthes. Eloge de la Modernité.* Montpellier: Cadex 1989.

Boughali, Mohamed: *L'érotique du langage chez Roland Barthes.* Casablanca: Afrique Orient 1986.

Bremond, Claude/Pavel, Thomas: *De Barthes à Balzac. Fictions d'un critique, critique d'une fiction.* Paris: Albin-Michel 1998.

Brune, Carlo: *Roland Barthes: Literatursemiologie und literarisches Schreiben.* Würzburg: Königshausen & Neumann 2003.

Bürger, Peter: *Das Verschwinden des Subjekts. Eine Geschichte der Subjektivität von Montaigne bis Barthes.* Frankfurt am Main: Suhrkamp 1998.

Burke, Seán: *The Death and Return of the Author. Criticism and Subjectivity in Barthes, Foucault and Derrida.* Edinburgh: Edinburgh University Press 1992.

Burnier, Michel Antoine/Rambaud, Patrick: *Le Roland Barthes sans peine.* Paris: Balland 1978.

Calvet, Louis Jean: *Roland Barthes: un regard politique sur le signe.* Paris: Payot 1973.

Carpentiers, Nicolas: *La lecture selon Barthes.* Paris: L'Harmattan 1999.

Champagne, Roland: *Literary History in the Wake of Roland Barthes: Redefining the Myths of Reality.* Birmingham, Alabama: Summa Publications 1984.

Cobast, Eric: *«Mythologies» de Roland Barthes.* Paris: Presses Universitaires de France 2002.

Comment, Bernard: *Roland Barthes, vers le neutre. Essai.* Paris: Christian Bourgois 1991.

Compagnon, Antoine: *Les antimodernes: de Joseph de Maistre à Roland Barthes.* Paris: Gallimard 2005.

Coste, Claude: *Roland Barthes moraliste.* Villeneuve d'Ascq: Septentrion 1998.

De la Croix, Arnaud: *Barthes, pour une éthique du signe.* Bruxelles: Ed. de Boeck 1987.

Delord, Jean: *Roland Barthes et la photographie.* Paris: Créatis 1980.

Delord, Jean: *Le Temps de photographier.* Paris: Osiris 1986.

Fabre, Gérard: *Pour une sociologie du procès littéraire: de Goldmann à Barthes en passant par Bakhtine*. Paris: L'Harmattan 2001.

Freedman, Sanford/Taylor, Carole Ann: *Roland Barthes: A Bibliographical Reader's Guide*. New York – London: Garland Publishing 1983.

Giordano, Alberto: *Roland Barthes. Literatura y poder*. Rosario: Beatriz Viterbo Editora 1995.

Gratton, Johnnie: *Expressivism. The vicissitudes of a theory in the writing of Proust and Barthes*. Oxford: Legenda 2000.

Ha, Marie-Paule: *Figuring the East: Segalen, Malraux, Duras, and Barthes*. Albany, NY: State University of New York Press 2000.

Heath, Stephen: *Vertige du déplacement. Lecture de Barthes*. Paris: Fayard 1974.

Hill, Leslie: *Radical indecision: Barthes, Blanchot, Derrida, and the future of criticism*. Notre Dame: University of Notre Dame Press 2010.

Iversen, Margaret: *Beyond pleasure: Freud, Lacan, Barthes*. University Park: Pennsylvania State University Press 2007.

Jouve, Vincent: *La littérature selon Roland Barthes*. Paris: Editions de Minuit 1986.

Kasper, Judith: *Sprachen des Vergessens. Proust, Perec und Barthes zwischen Verlust und Eingedenken*. München: Fink 2003.

Kiefer, Jochen: *Die Puppe als Metapher den Schauspieler zu denken: Zur Ästhetik der theatralen Figur bei Craig, Meyerhold, Schlemmer und Roland Barthes*. Berlin: Alexander 2004.

Knight, Diana: *Barthes and Utopia. Space, Travel, Writing*. New York – Oxford: Clarendon Press 1997.

Kristeva, Julia: *Le plaisir des formes. Centre Roland Barthes*. Paris: Édition du Seuil 2003.

Landmann, Antje: *Zeichenleere. Roland Barthes' interkultureller Dialog in Japan*. München: Iudicium 2003.

Langer, Daniela: *Wie man wird, was man schreibt: Sprache, Subjekt und Autobiographie bei Nietzsche und Barthes*. München: Fink 2005.

Leitgeb, Christoph: *Barthes' Mythos im Rahmen konkreter Ironie. Literarische Konstruktionen des Eigenen und Fremden*. München: Fink 2008.

Lindorfer, Bettina: *Roland Barthes: Zeichen und Psychoanalyse*. München: Fink 1998.

Lombardo, Patrizia: *The Three Paradoxes of Roland Barthes*. Athens – London: The University of Georgia Press 1989.

Mallach, Guy de/Eberbach, Margaret: *Barthes*. Paris: Editions Universitaires 1971.

Martin, Christian: *Roland Barthes et l'éthique de la fiction*. New York – Bern – Frankfurt am Main: Peter Lang 2003.

Melkonian, Martin: *Le corps couché de Roland Barthes*. Paris: Librairie Séguier 1989 (Neuausgabe Paris, Armand Colin 1993).

Milner, Jean-Claude: *Le pas philosophique de Roland Barthes*. Lagrasse: Verdier 2003.

Mortimer, Armine Kotin: *The Gentlest Law: Roland Barthes's The Pleasure of the Text*. New York: Peter Lang 1989.

Noudelmann, François: *Le toucher des philosophes: Sartre, Nietzsche et Barthes au piano*. Paris: Gallimard 2008.

Oster, Angela: *Ästhestik der Atopie: Roland Barthes und Pier Paolo Pasolini*. Heidelberg: Winter 2006.

Pany, Doris: *Wirkungsästhetische Modelle: Wolfgang Iser und Roland Barthes im Vergleich*. Erlangen – Jena: Palm & Enke 2000.

Patrizi, Giorgio: *Roland Barthes o le peripezie della semiologia*. Roma: Istituto della Enciclopedia Italiana 1977.

Pommier, René: *Assez décodé*. Paris: Roblot 1978.

Pommier, René: *Le «Sur Racine» de Roland Barthes*. Paris: SEDES 1988.

Pommier, René: *Roland Barthes, ras le bol!* Paris: Roblot 1987.

Reboul, Yves: *Fictions du savoir à la Renaissance: sur la recherche en littérature: Stenhal, Beckett, Zola, Barthes*. Toulouse: Presses Universitaires du Mirail 2003.

Richard, Jean-Pierre: *Roland Barthes, dernier paysage*. Lagrasse: Verdier 2006.

Robbe-Grillet, Alain: *Pourquoi j'aime Barthes*. Textes réunis et présentés par Olivier Corpet. Paris: Bourgois 2009.

Roche, Roger-Yves: *Photofictions: Perec, Modiano, Duras, Goldschmidt, Barthes*. Villeneuve-d'Ascq: Presses Universitaires du Septentrion 2009.

Roger, Philippe: *Roland Barthes, roman*. Paris: Bernard Grasset 1986.

Rubino, Gianfranco: *L'intellettuale e i segni: Saggi su Sartre e Barthes*. Roma, Ed. di Storia & Lett. 1984.

Scheie, Timothy: *Performance degree zero: Roland Barthes and theatre*. Toronto: University of Toronto Press 2006.

Sontag, Susan: *L'écriture même: à propos de Roland Barthes*. Traduit de l'anglais par Philippe Blanchard. Paris: Christian Bourgois 1982.

Ungar, Steven: *Roland Barthes. The Professor of Desire*. Lincoln – London: University of Nebraska Press 1983.

Vangi, Michele: *Letteratura e fotografia: Roland Barthes – Rolf Dieter Brinkmann – Julio Cortázar – W. G. Sebald*. Pasian di Prato: Campanotto 2005.

Wiseman, Mary Bittner: *The Extasis of Roland Barthes*. London – New York: Routledge 1989.

Coquio, Catherine/Salado, Régis (Hg.): *Barthes après Barthes. Une actualité en question*. Actes du Colloque International de Pau, 22-24 novembre 1990. Pau: Publications de l'Université de Pau 1993.

Zu den philosophischen und historischen Kontexten

Altwegg, Jürg/Schmidt, Aurel: *Französische Denker der Gegenwart. Zwanzig Portraits*. München: Beck 1987.

Brottman, Mikita: *High theory, low culture*. New York: Palgrave Macmillan 2005.

Brütting, Richard: »Ecriture« und »Texte« – Die französische Literaturtheorie nach dem Strukturalismus. Bonn: Bouvier 1976.

Bryson, Norman: *Calligram. Essays in the New Art History from France*. Cambridge: Cambridge University Press 1988.

Compagnon, Antoine: *Le démon de la théorie. Littérature et sens commun*. Paris: Seuil 1998.

Coste, Claude: *Les malheurs d'Orphée. Littérature et musique au XXe siècle*. Paris: Editions L'Improviste 2003.

Coward, Rosalind/Ellis, John: Language and Materialism: *Developments in Semiology and the Theory of the Subject*. London: Routledge & Kegan Paul 1977.

Dayan, Peter: *Music Writing Literature, from Sand via Debussy to Derrida*. Aldershat: Ashgate 2006.

Descombes, Vincent: *Das Selbe und das Andere. Fünfundvierzig Jahre Philosophie in Frankreich 1933-1978*. Aus dem Französischen von Ulrich Raulff. Frankfurt am Main: Suhrkamp 1981.

Ette, Ottmar: *ÜberLebenswissen. Die Aufgabe der Philologie*. Berlin: Kadmos 2004.

Forest, Philippe: *Histoire de Tel Quel 1960-1982*. Paris: Seuil 1995.

Gelz, Andreas: *Postavantgardistische Ästhetik. Positionen der französischen und italienischen Gegenwartsliteratur*. Tübingen: Niemeyer 1996.

Harari, Josué: *Textual Strategies. Perspectives in Post Structuralist Criticism*. Ithaca: Cornell University Press 1979.

Hardt, Manfred: *Poetik und Semiotik. Das Zeichensystem der Dichtung*. Tübingen: Niemeyer 1976.

Harris, Roy: *Saussure and his interpreters*. New York: New York University Press 2001.

Huyssen, Andreas: *After the Great Divide. Modernism, Mass Culture, Postmodernism*. Bloomington – Indianapolis: Indiana University Press 1987.

Johnson, Barbara: *The Critical Difference*. Baltimore: Johns Hopkins University Press 1980.

Kauppi, Niilo: *Tel Quel: la constitution sociale d'une avant-garde*. Helsinki: Societas Scientiarum Fennica 1990.

Landa, Josu: *Canon City*. México D.F.: Afínita Editorial 2010.

Leitch, Vincent B.: *Deconstructive Criticism. An advanced introduction*. London – Melbourne: Hutchinson 1983.

Merquior, José Guilherme: *From Prague to Paris. A Critique of Structuralist and Post-structuralist Thought*. London – New York: Verso 1986.

Meyer-Kalkus, Reinhart: *Stimme und Sprechkünste im 20. Jahrhundert*. Berlin: Akademie 2001.

Mounin, Georges: *Introduction à la sémiologie*. Paris: Minuit 1970.

Reader, Keith A.: *Intellectuals and the Left in France since 1968*. London: Methuen 1987.

Simons, Jon (Hg.): *Contemporary critical theorists: from Lacan to Said*. Edinburgh: Edinburgh University Press 2004.

Sturrock, John (Hg.): *Structuralism and Since: From Lévi Strauss to Derrida*. New York – Oxford: Oxford University Press 1979.

Turk, Horst (Hg.), *Klassiker der Literaturtheorie. Von Boileau bis Barthes*, München: 1979.

Zima, Peter V.: *Literarische Ästhetik. Methoden und Modelle der Literaturwissenschaft*. Tübingen: Francke 1991.

Zima, Peter V.: *Das literarische Subjekt. Zwischen Spätmoderne und Postmoderne*. Tübingen – Basel: Francke 2001.

Personenregister

Bachelard, Gaston 48
Bachtin, Michail 113, 136 f.
Balzac, Honoré de 72, 98-103, 147
Barthes, Henriette 28-32, 70, 131 f., 153 ff., 158, 164-168
Bataille, Georges 74, 104 f., 117
Baudelaire, Charles 147
Blanchot, Maurice 48
Borges, Jorge Luis 16
Boulez, Pierre 63
Bourdieu, Pierre 25, 172 f.
Brecht, Bertolt 60 f., 115
Bremond, Claude 17
Butor, Michel 63
Calvino, Italo 104
Camus, Albert 17, 43
Canguilhem, Georges 125, 175
Cayrol, Jean 43, 121
Defoe, Daniel 149
Deleuze, Gilles 120, 147, 172
Derrida, Jacques 85 ff., 92 f., 99, 114, 125, 159, 174 f., 177
Diderot, Denis 147
Dumézil, Georges 63
Eco, Umberto 73
Eisenstein, Sergei Mikhailovich 161
Erté (d.i. Romain de Tirtoff) 154
Flaubert, Gustave 34, 72
Foucault, Michel 49, 74, 83, 86, 106, 125, 173 ff.
Fourier, Charles 29 f., 104, 106-110, 114, 136
Friedrich, Hugo 143, 176
Gide, André 35, 46 f., 149
Goethe, Johann Wolfgang 147
Goldmann, Lucien 68, 102
Greimas, Algirdas 17, 73
Henry, Maurice 49
Hjelmslev, Louis 54
Hugo, Victor 72, 76
Kafka, Franz 34
Klossowski, Pierre 120
Kristeva, Julia 21, 86, 92, 99, 113, 117 f., 136, 172
Lacan, Jacques 49, 72 f., 117
Lévi-Strauss, Claude 17, 49, 63, 73
Lotman, Jurij M. 54, 173
Loyola, Ignatius von 29, 104, 106, 108 f., 114
Luhmann, Niklas 132, 173, 175
Mallarmé, Stéphane 34, 85, 156
Man, Paul de 23, 172
Mann, Thomas 149
Mapplethorpe, Robert 167 f.
Marx, Karl 46, 48
Masson, André 154
Mauron, Charles 68
Michelet, Jules 25, 38-42, 51, 58, 70, 104, 128
Molière 62
Mondrian, Piet 63

Mozart, Wolfgang Amadeus 147
Nadar (d.i. Gaspard-Félix Tournachon) 168
Nadeau, Maurice 50, 139
Nietzsche, Friedrich 74, 83, 103, 107, 113, 117, 120, 133, 144, 147
Panzéra, Charles 100
Picard, Raymond 69 ff., 173
Pivot, Bernard 142
Platon 35
Pommier, Jean 69
Propp, Vladimir 63
Proust, Marcel 20, 30, 32, 34, 85, 107, 117 ff., 154, 161, 164 ff.
Racine, Jean Baptiste 67 ff., 85
Réquichot, Bernard 154
Rimbaud, Arthur 14, 125, 155
Roche, Denis 128, 175
Rougemont, Denis de 146, 176
Sade, Donatien-Alphonse-François, Marquis de 29, 62, 74, 104-110, 114, 117, 151
Sagan, Françoise 142
Said, Edward W. 57, 96, 174
Salcédo, Michel 70, 176
Sarduy, Severo 147
Sartre, Jean-Paul 17, 22, 43-46, 48, 76, 134, 147, 172
Saussure, Ferdinand de 44, 46, 48, 53, 65, 172
Schubert, Franz 147
Snow, Charles Percy 26, 172
Sokrates 35 f., 69 f.
Sollers, Philippe 46, 74, 83, 91, 117, 147, 158

Stendhal (d.i. Marie-Henri Beyle) 156 f.
Thody, Philip 106, 174
Trubetzkoy, Nikolai Sergejewitsch 63
Twombly, Cy 154
Valéry, Paul 85
Wagner, Richard 147
White, Hayden 41
Zola, Émile 72, 149

Sachregister

Ästhetik 48, 59, 88, 96 f., 106, 110 f., 114, 119-122, 136, 139, 141
Anthropologie 12, 17, 49, 52, 66, 88, 175
Autor 17, 19, 22 ff., 31, 41, 43 f., 47, 60, 88, 99 f., 102 f., 106, 108, 113 f., 118, 125 f., 130, 137, 142, 147, 159 ff., 174
Begehren (*désir*) 75, 120, 129, 138 f., 144, 152, 157
Biographeme 18, 29, 39, 41, 89, 95, 101 f., 106 ff., 130 f., 137, 147 f., 150, 161, 166
Bild, Bildlichkeit 12, 36 ff., 45, 49 f., 52-59, 66, 68, 76, 83-86, 88-96, 98, 103, 116, 118, 128, 135, 152 ff., 159 f., 162-165, 167 f., 172 f.
Cultural Studies 52
Dekonstruktion (*déconstruction*) 87, 92 f., 96, 137, 141
Dezentrierung 90
Dissémination 92, 108
Écriture 21, 30, 32, 37 f., 42 ff., 47, 50, 59, 73 ff., 82, 85 ff., 97, 110, 120 f., 158, 164, 172
Engagement 43 f., 73
Erinnern (Memoria) 26 f., 129-132, 136, 142
Eros 121
Ethik, ethisch 48, 51, 63, 123 f., 134
Faschismus, faschistisch 43, 140
Figur 17 f., 22, 24, 27-31, 37, 45 f., 58, 84 ff., 104-110, 112 f., 117-120, 125 f., 130 ff., 137 f., 141-153, 163-167, 169, 171, 175
Geschichtswissenschaft (Historiographie) 40 f.
Ideologie, Ideologiekritik 44, 48, 53-56, 64, 96, 109, 120
Intersubjektivität 22, 113
Intertextualität 22, 113, 118, 136
Japan 17, 37, 73, 88-97, 101
Körper 17, 23, 25 f., 32, 36, 40, 43, 51, 61-64, 72, 77 ff., 83, 90, 92, 95, 100, 104-111, 117-122, 129, 135 ff., 143, 146-150, 152, 155, 159 f., 162
Kritik 17, 22, 34, 39, 51, 53, 55 f., 58 ff., 64, 67, 69, 71-78, 80, 84 f., 90, 97, 99, 102 f., 134
Langage (Sprache/Sprechen) 28, 44, 53, 57, 74, 105, 109 f., 121, 140 f., 145 f., 152, 166, 168
Langue (Sprache) 42-45, 52 f., 55-58, 62 f., 66, 68 f., 72 ff., 81 ff., 93, 140
Leben 11-16, 18-21, 24-59, 63-82, 84 f., 87 ff., 91, 93-98, 101-112, 114-170, 172, 175 f.
Lektüre 50, 66, 75, 80, 98-101, 103, 106 ff., 110, 165 f.
Lernen 27, 135

Lesen, Leser 35, 50, 55, 75 f., 80 f., 83, 86 ff., 91, 93, 98-104, 106 f., 110 f., 117, 126, 142 f., 146, 148 ff., 152, 169

Liebe 11 f., 23, 25, 28, 30, 79, 104, 142-152, 167, 169, 171, 176

Literatur 17, 21 f., 24, 29, 32, 34 f., 37-50, 54 f., 57, 59-62, 64, 72 f., 74 f., 78, 81, 83, 87-90, 105, 109, 116-121, 123-128, 133, 136, 139-144, 149, 158, 162-166, 169, 171 f., 175

Logos 53, 121

Logozentrik, logozentrisch 22, 84, 113 f.

Lust (*plaisir*) 13, 27, 33, 61, 77 ff., 95 ff., 105 f., 108-114, 116-122, 127, 129, 136, 139, 141-144, 153, 157, 159, 165, 169 f., 174 f.

Macht 25 ff.

Malerei 34, 91

Marxismus, marxistisch 17, 44, 57, 134

Mathesis 27, 118, 141

Mimesis 27, 90, 97, 109, 141

Mythen, Mythologie 11, 17, 49, 51-59, 75, 129, 169

Mythos 52-59, 68, 87, 109, 156

Natur 51, 54 f., 61 f., 104, 117, 138

Nouveau roman 67, 80, 144

Parole (Rede) 53, 74

Partitur 100, 102, 137 f., 146

Philosophie 21 f., 34 f., 66, 83 f., 88, 105, 114, 118, 120 f., 125, 149, 174

Physiologie 118

Poetik 99, 160

Polyphonie (Vielstimmigkeit) 10, 61, 136, 138

Postcolonial Studies 57 f., 88

Poststrukturalismus 84, 86, 97, 112

Produktionsästhetik 75, 83

Proxemie 150

Psychoanalyse, psychoanalytisch 61, 66, 68, 72, 120, 134

Punctum/Studium 34, 77, 160-164

Rezeptionsästhetik 104, 110

Rhetorik 66, 85, 105, 110

Schreiben/Schreibweise s. Écriture

Schrift 10, 16, 30-33, 35, 53, 81, 85 f., 88, 90 f., 95, 110 f., 122, 137, 142, 155, 159, 167, 169

Schriftsteller (*écrivain*) 15, 24, 38, 43, 45, 60, 72-79, 81 f., 107 f., 128 f., 136, 158, 169

Semiologie 30, 53 f., 63-66, 78, 83, 128 f., 141, 169

Semiosis 27, 109, 141

Signifikant (*signifiant, signifiance*) 90, 92, 110, 121, 134 f.

Sinn (*Sens*) 14, 55, 75, 84, 90 f., 94, 103, 105, 107, 112, 116-119, 137, 161

Sinnlichkeit, sinnlich 21, 26, 36, 91, 95, 115 f., 119, 121, 144

Stadt, Stadtraum 37, 61, 65, 75-79, 110, 153

Stalinismus 44

Stil (*style*) 12, 43, 101, 105, 120

Stimme (*voix*) 39, 53, 76, 100 f., 120 ff., 136, 138 ff., 154, 162

Strukturalismus 48 f., 52, 55, 57 f., 63, 81, 84 ff., 97, 102, 112, 174

Subjekt (*sujet*) 12 f., 18 f., 21-24, 35, 45, 51, 54, 60, 80-85, 87, 90, 92, 97, 108, 112 ff., 116, 118, 120, 125-131, 135, 138, 143-152, 161, 165, 175

Surrealismus 85

Tel Quel 22, 71, 74, 84, 90, 102 f., 113 f., 134, 158, 174

Text 36-40, 82-93, 98-133, 172 f., 175

Theater 36 ff., 51, 60 ff., 64, 67 f., 108, 115, 174

Theorie 33, 36 f., 42, 56 f., 59 ff., 66, 68, 76, 85 f., 92 ff., 96 f., 101 f., 108, 110, 112 ff., 116 ff., 120 f., 125-133, 136 f., 143 f., 146 f., 153, 160-163, 168

Tod 31 f., 42, 45, 62, 75, 145, 147, 153 ff., 158 f., 162-169, 171

Tod des Autors 22 f., 75, 80-87, 97 ff., 101, 103, 113, 159, 169

Verlernen / Vergessen 14, 25 ff., 29, 33, 43, 122 f., 133 ff., 137 f., 141-146, 153 ff., 161-164

Wissen 11 f., 18, 25-32, 35, 41, 50, 53, 56, 59, 62, 75-82, 86, 91, 104, 108, 116, 124, 127, 134 f., 141, 149-152, 163-166, 171 f., 176

Wissenschaft 13, 15-18, 20 f., 23-27, 30, 40 f., 47, 51 ff., 56, 59 f., 63, 65, 66-71, 75, 80 ff., 86, 90, 109, 126-129, 140-143, 172 f., 175

Zeichen 12 f., 36 f., 43 f., 46, 54, 58, 61, 64 ff., 70, 78, 80 f., 83 f., 88-91, 93 f., 96 f., 101 f., 134, 144, 155, 167, 172

Zeittafel

1915	Roland Barthes wird am 12. November in Cherbourg geboren. Sein Vater, der Fähnrich zur See Louis Barthes, kommt im Oktober 1916 bei einer Seeschlacht in der Nordsee ums Leben.
1916-24	Umzug mit seiner Mutter Henriette zu den Großeltern nach Bayonne: Barthes wächst im Südwesten Frankreichs auf.
1924	Umzug nach Paris; stets prekäre finanzielle Situation der Familie.
1930-34	Schüler am renommierten Lycée Louis-le-Grand in Paris; von der dritten Klasse bis zur Abschlussklasse Unterricht in Philosophie. Umfangreiche Lektüren, erste literarische Versuche.
1934	Mitbegründung der Studentengruppe zu *Am Nullpunkt des Schreibens*. Blutsturz (10. Mai), Läsion der linken Lunge. Zwischen 1934 und 1946 wird Barthes fast acht Jahre in Sanatorien verbringen.
1935	Beginn des Studiums der Klassischen Philologie an der Sorbonne.
1937	Freistellung vom Militärdienst. Während des Sommers Französisch-Lektor in Debrecen (Ungarn).
1938	Reise nach Griechenland mit der »Gruppe Antikes Theater«, die Barthes an der Sorbonne mitbegründet hatte.
1939	Licence im Bereich der Klassischen Philologie; Aushilfslehrer in Biarritz.
1940	Repetitor und Lehrer an den Gymnasien Voltaire und Carnor in Paris. Diplomarbeit über die griechische Tragödie. Gesangsstudien bei Charles Panzéra.

1941	Rückfall der Lungentuberkulose im Oktober. Der Gesangsunterricht bei Panzéra kann erst 1956 und nur für kurze Zeit wieder aufgenommen werden.
1943	Rückfall an der rechten Lunge im Juli. Barthes hält in Sanatorien Vorträge über Literatur, Musik und Theater.
1945	Pneumothorax am rechten Brustfell im Oktober. Lernt den Trotzkisten Georges Fournié kennen, der ihn mit Maurice Nadeau in Verbindung bringt.
1946-47	Rekonvaleszenz in Paris; schwierige finanzielle und ungeklärte berufliche Situation.
1948-49	Bibliotheksgehilfe, dann Lehrer am Institut Français in Bukarest und Lektor an der dortigen Universität.
1949-50	Nach Schließung des Institut Français in Bukarest Lektor an der Universität in Alexandria (Ägypten).
1950-52	Rückkehr nach Paris; Tätigkeit in der Direction générale für Kulturbeziehungen, Abteilung Unterricht.
1952-54	Praktikant in der wissenschaftlichen Forschung und Stipendiat am Centre National de la Recherche Scientifique in Paris im Bereich Lexikologie.
1953	Barthes' erstes Buch erscheint bei Seuil: *Le Degré zéro de l'écriture*.
1954-55	Literarischer Berater beim Verlag Editions de l'Arche.
1955-59	Attaché de recherche am CNRS im Bereich Soziologie.
1960-62	Chef de travaux an der VI. Sektion der École pratique des hautes études in Paris im Bereich Wirtschafts- und Gesellschaftswissenschaften.
1962	Directeur d'études an der École pratique des hautes études im Bereich Soziologie der Zeichen, Symbole und Darstellungen. In den 1960er Jahren avanciert er zu einem der Wortführer der »Nouvelle Critique« und wird einer der einflussreichsten französischen Intellektuellen. Barthes unternimmt im weiteren Verlauf der 1960er Jahre Reisen nach Marokko, Japan und in die USA.
1969	Barthes tritt eine Gastdozentur in Rabat an, den Ereignissen von Mai '68 war er fremd geblieben.

1970	Rückkehr nach Paris, Fortsetzung seiner Tätigkeit und seiner Seminare an der École pratique des hautes études. Barthes widmet sich der Musik und zunehmend der Malerei.
1974	Reise mit Mitgliedern der Tel-Quel-Gruppe nach China. Intensivierung der Malerei: Ausstellungen 1976 und 1977, postum 1980 und 1981.
1976	Berufung auf den Lehrstuhl für Literarische Semiologie am Collège de France (auf Vorschlag von Michel Foucault): Antrittsvorlesung am 7. Januar 1977.
1977	Barthes wird ein Kolloquium in Cerisy-la Salle gewidmet. Tod der Mutter (am 25. Oktober).
1980	Das letzte Buch von Roland Barthes erscheint Anfang des Jahres: *Die helle Kammer*. Am 26. März stirbt Roland Barthes in Paris an den Folgen eines am 25.2. beim Überqueren einer Straße erlittenen Verkehrsunfalls.

Ottmar Ette, 1956 im Schwarzwald geboren. Seit Oktober 1995 Lehrstuhl für Romanische Literaturwissenschaft an der Universität Potsdam mit Venia legendi für Allgemeine und Vergleichende Literaturwissenschaft. 2004/05 Fellow am Wissenschaftskolleg zu Berlin; 2010 Fellow am FRIAS in Freiburg i.Br. Seit 2010 Mitglied der Academia Europaea. Zu seinen wichtigsten Buchpublikationen zählen: *A.v.Humboldt: Reise in die Äquinoktial-Gegenden* (Hg., 2 Bde., Insel 1991), ausgezeichnet mit dem Heinz-Maier-Leibnitz-Preis; *José Martí* (Niemeyer 1991), ausgezeichnet mit dem Nachwuchswissenschaftler-Preis für Romanische Literaturwissenschaft der Universität Freiburg; *Roland Barthes* (Suhrkamp 1998), ausgezeichnet mit dem Hugo Friedrich und Erich Köhler-Forschungspreis; *Literatur in Bewegung* (Velbrück 2001); *Weltbewußtsein* (Velbrück 2002); *ÜberLebens-Wissen I-III* (3 Bde., Kadmos 2004-2010); *Alexander von Humboldt und die Globalisierung* (Insel 2009).